mindfulness
para profissionais de educação

**PRÁTICAS PARA
O BEM-ESTAR NO
TRABALHO E NA
VIDA PESSOAL**

ADMINISTRAÇÃO REGIONAL DO SENAC NO ESTADO DE SÃO PAULO
Presidente do Conselho Regional: Abram Szajman
Diretor do Departamento Regional: Luiz Francisco de A. Salgado
Superintendente Universitário e de Desenvolvimento: Luiz Carlos Dourado

EDITORA SENAC SÃO PAULO
Conselho Editorial: Luiz Francisco de A. Salgado
Luiz Carlos Dourado
Darcio Sayad Maia
Lucila Mara Sbrana Sciotti
Luís Américo Tousi Botelho

Gerente/Publisher: Luís Américo Tousi Botelho
Coordenação Editorial: Verônica Pirani de Oliveira
Prospecção: Dolores Crisci Manzano
Administrativo: Verônica Pirani de Oliveira
Comercial: Aldair Novais Pereira

Edição e Preparação de Texto: Gabriela Lopes Adami e Vanessa Rodrigues
Coordenação de Revisão de Texto: Marcelo Nardeli
Revisão de Texto: Karen Daikuzono
Coordenação de Arte: Antonio Carlos De Angelis
Projeto Gráfico, Capa e Editoração Eletrônica: Manuela Ribeiro
Imagem de Capa: Nitiphol | Adobe Stock
Coordenação de E-books: Rodolfo Santana
Impressão e Acabamento: Expressão e Arte Gráfica

Proibida a reprodução sem autorização expressa.
Todos os direitos desta edição reservados à
Editora Senac São Paulo
Av. Engenheiro Eusébio Stevaux, 823 – Prédio Editora
Jurubatuba – CEP 04696-000 – São Paulo – SP
Tel. (11) 2187-4450
editora@sp.senac.br
https://www.editorasenacsp.com.br

© Editora Senac São Paulo, 2020

Dados Internacionais de Catalogação na Publicação (CIP)
(Jeane Passos de Souza – CRB 8ª/6189)

Demarzo, Marcelo
Mindfulness para profissionais de educação: práticas para o bem-estar no trabalho e na vida pessoal / Marcelo Demarzo, Daniela Rodrigues de Oliveira, Alex Mourão Terzi, Javier García Campayo. – São Paulo: Editora Senac São Paulo, 2020.

Bibliografia.
ISBN 978-65-5536-044-8 (impresso/2020)
e-ISBN 978-65-5536-045-5 (ePub/2020)
e-ISBN 978-65-5536-046-2 (PDF/2020)

1. Educação : Mindfulness 2. Mindfulness para educadores 3. Mindfulness – Terapia cognitiva 4. Neurociência – Mindfulness 5. Atenção plena 6. Estresse 7. Programa MBHP-Educa I. Oliveira, Daniela Rodrigues de II. Terzi, Alex Mourão III. Campayo, Javier García IV. Título .

20-1098t
CDD – 370.152
616.89142
BISAC EDU049000
PSY028000

Índices para catálogo sistemático:
1. Educação : Mindfulness 370.152
2. Mindfulness – Terapia cognitiva 616.89142

Marcelo Demarzo
Daniela Rodrigues de Oliveira
Alex Mourão Terzi
Javier García Campayo

mindfulness
para profissionais de educação

PRÁTICAS PARA O BEM-ESTAR NO TRABALHO E NA VIDA PESSOAL

Editora Senac São Paulo – São Paulo – 2020

SUMÁRIO

Nota do editor, 7
Prefácio – *Willem Kuyken*, 9
Agradecimentos, 13
Apresentação, 15
Introdução, 19

PARTE 1

Mindfulness e suas interfaces na educação, 27

Capítulo 1
Estresse na educação, 29
Estresse, estressor e ambiente, 31
Estresse na atividade docente, 32
Agressividade/hostilidade, 34

Capítulo 2
O que é mindfulness?, 39
Um breve histórico dos programas baseados em mindfulness, 42
Outros conceitos associados a mindfulness, 46
Gestão consciente da sala de aula, 51

Capítulo 3
Neurociência e mindfulness para uma educação integral, 55
O cérebro que medita, 56
Aprendizado socioemocional, 63
Uma educação integral na realidade brasileira, 64
Bons exemplos para perspectivas futuras, 66

Capítulo 4
Mindfulness e Paulo Freire: possíveis interlocuções, 69
Curiosidade e criticidade, 70
A aceitação do novo, 71
Lendo o mundo, 72
Reconhecendo a dialogicidade, 73
Por uma humanização no processo educativo, 75

Capítulo 5,
A compaixão e a comunicação não violenta na educação, 79
O sofrimento, a compaixão e seu papel na educação, 80
A violência, a não violência e os princípios da comunicação não violenta ou compassiva, 81
A comunicação não violenta ou compassiva na educação, 84

PARTE 2

O Programa de Promoção da Saúde Baseado em Mindfulness para Educadores, 87

Capítulo 6
Visão geral do MBHP-Educa, 89
Modelo teórico, 92
Orientações, 97

Capítulo 7
Sessão 1. Conhecer-te a ti mesmo, 105
Definindo uma intenção, 106
Atenção plena no corpo e na respiração, 110

Capítulo 8
Sessão 2. A arte de lidar
   com o estresse, 117
Aprendendo a relaxar, 118
Reconhecendo os pensamentos, 122
Conhecendo o estresse
   e seus gatilhos, 125

Capítulo 9
Sessão 3. Cultivando
   o caminhar e o caminho, 133
Autoconsciência e autopercepção, 134
Escapando no funil, 138

Capítulo 10
Sessão 4. Além dos
   muros da escola, 151
Consciência corporal, 152
A realidade como ela é, 155

Capítulo 11
Sessão 5. Fazendo as
   pazes com as emoções, 167
Lidando com as emoções, 168
Evitando o limiar da raiva, 172
Conhecendo a superpotência
   da raiva, 177

Capítulo 12
Sessão 6. Comunicação
   compassiva, 185
A potência da fala, 186
Escuta atenta e fala compassiva, 187
Compaixão, 188

Capítulo 13
Sessão 7. Cultivando o silêncio, 197
A prática do silêncio, 198

Capítulo 14
Sessão 8. O despertar
   da consciência, 203
Mindfulness para a vida, 204
Árvore do aprendizado, 206
Gratidão, 210

PARTE 3

Programa MBHP-Educa:
práticas simples para a sala de aula, 215

Capítulo 15
A prática pessoal do professor, 217
Introduzindo mindfulness na
   instituição escolar, 218
Praticando com os alunos, 219

Capítulo 16
**Transformando as escolas em
   Escolas Promotoras de Saúde, 227**
A promoção da saúde escolar, 228
Escolas Promotoras de Saúde, 229
Estratégias de operacionalização
   das iniciativas de promoção
   da saúde escolar, 231

Anexo 1, 239
Anexo 2, 243
Referências, 247
Sobre os autores, 257
Índice de atividades e práticas, 263
Índice geral, 265

NOTA DO EDITOR

"Coração irritável" na Guerra Civil Americana, "síndrome do esforço" na Primeira Guerra Mundial, "reação do estresse de combate" na Segunda Guerra Mundial, "transtorno do estresse pós-traumático" na Guerra do Vietnã, "síndrome da Guerra do Golfo". Os diferentes nomes atribuídos a condições associadas ao estresse grave testemunham a presença desse problema em eventos do passado.

Mesmo sem o distanciamento temporal com o qual vemos as características dos períodos históricos, conseguimos hoje claramente perceber a ocorrência e os efeitos de um outro estresse. Não aquele que alguns estudiosos chamam de "S", "grande estresse", ligado a guerras e fatos catastróficos, mas o "s", o "pequeno estresse", oriundo do desgaste crônico desadaptativo, destacadamente em situações ocupacionais. Ou, usando o nome cada vez mais conhecido e difundido, burnout – o esgotamento profissional.

A atividade docente, considerada de alto risco pela Organização Internacional do Trabalho, é marcada por um fenômeno crescente de exaustão, absenteísmo e hipermedicalização. Em vez das trincheiras das guerras históricas, observam-se salas de aula hostis, sobrecarga, frustação pessoal e profissional.

As técnicas descritas neste livro não devem ser vistas como metodologia para substituir práticas pedagógicas, mas como proposta para que todos os integrantes do ambiente escolar desenvolvam mais habilidades atencionais, comportamento pró-social e autorregulação emocional.

Com a presente obra, o Senac São Paulo sublinha seu compromisso com a área educacional do país: aos professores, melhora as condições de trabalho; aos professores e alunos, faz aflorar e cultiva habilidades e valores universalmente indispensáveis – o conhecimento de si mesmo, a compaixão e a ética.

PREFÁCIO

Os últimos cem anos viram progressos extraordinários em saúde humana, segurança econômica e tecnologia. Um desafio fundamental para os próximos cem anos está em realizar nosso potencial para moldar o mundo de maneira positiva, utilizando o maior recurso de que dispomos: o capital humano. Com as mudanças sociodemográficas em curso, vem se tornando claro que precisamos investir na preparação de nossos jovens e crianças para esse desafio. Tal preparação vai muito além de uma boa formação acadêmica, por mais importante que ela seja: precisa incluir uma capacidade de pensar de forma crítica e construtiva, com habilidades sociais e emocionais desenvolvidas sobre uma consistente base ética.

Tanto a sabedoria antiga como a psicologia moderna nos ensinam que a atenção plena é uma habilidade que nos guia na possibilidade de estarmos mais presentes em nossas vidas, conosco mesmo e com os outros, em um estado de maior clareza, gentileza e aceitação. Este importante livro explora de forma prática o papel da atenção plena na educação como uma habilidade fundamental. O texto aqui apresentado busca integrar a neurociência e as melhores técnicas para oferecer um conjunto de recursos que podem fomentar escolas e mesmo faculdades a apoiarem e promoverem o bem-estar de alunos e educadores, melhorando o presente e preparando-os melhor para o futuro.

Os autores são algumas das principais autoridades em mindfulness e, em especial, na adaptação do treinamento da atenção plena para contextos educacionais, com trabalho fundamentado em ampla experiência e em pesquisas-piloto sobre o tema. O livro fornece exatamente o que é necessário a fim de que a educação atenda às demandas contemporâneas. Mais do que isso, propicia uma estrutura para que alunos e educadores floresçam nesse cenário. Se a visão deles for bem-aceita e desenvolvida, o Brasil e o mundo serão lugares melhores para viver.

WILLEM KUYKEN
Professor catedrático
(de psicologia e mindfulness)
na University of Oxford, no Reino Unido,
e diretor do Mindfulness Research Centre,
na mesma instituição.

A todas as crianças e a todos os adolescentes de nosso tempo e a seus professores; em especial, aos meus filhos – Arthur, Pedro e Catarina –, com esperança de que cultivem a sabedoria e vivenciem a paz (interior e exterior).

MARCELO DEMARZO

Aos meus pais, Danilo e Lourdes, por quem eu sou hoje. Ao meu irmão, Leandro, pelos momentos de companheirismo. A todos os professores e meus amigos.

DANIELA RODRIGUES DE OLIVEIRA

Aos professores que me apresentaram a prática meditativa. Cada um, à sua maneira, possibilitou o florescimento da contemplação em meu coração. A Viviane, Ísis e Estela, que me ensinam o que é amar.

ALEX MOURÃO TERZI

Aos meus mestres espirituais e aos meus amigos da atenção plena, com quem aprendi e compartilhei esse estilo de vida único. A minha esposa, Marta, e a meus filhos, Ana e Jorge, meus melhores mestres na vida.

JAVIER GARCÍA CAMPAYO

AGRADECIMENTOS

Este livro não teria sido escrito sem a ajuda e o apoio de inúmeras pessoas, que direta ou indiretamente influenciaram nosso trabalho. Somos gratos a José Carlos Fuscella e Valéria Piassa Polizzi, coautores do Programa MBHP-Educa, não apenas por sua dedicação e pelo apoio à criação do programa, mas também pelas ideias e palavras expressas neste livro; a David Wilson e Odisséia Martins, do Centro Mente Aberta da Unifesp, que contribuíram com muitas sugestões criteriosas para a versão preliminar do programa; a Oldack Chaves, Clóvis Francisco e Rosangela Sandri Pecoriello, da Escola Estadual Lasar Segall, por nos apoiar e permitir que o Programa MBHP-Educa chegasse a todos os professores da instituição.

Também somos imensamente gratos a Kátia Maria Vergne Vicente e a Ana Claudia de Paula Correia e sua equipe do DICEU-NAAPA da Diretoria Regional de Santo Amaro (DRE-SA) não somente pela parceria e pelo apoio, mas também pela confiança em nós depositada para levar o Programa MBHP-Educa aos professores da cidade de São Paulo. Somos também gratos à dra. Eliana P. Vellozo, coordenadora do Programa Educação e Saúde – Investigação Epidemiológica e Vigilância Escolar, da Prefeitura de Santana de Parnaíba, pelo apoio para levar o Programa MBHP-Educa aos docentes da rede.

Daniela é grata à Fundação de Amparo à Pesquisa do Estado de São Paulo (Fapesp) pela bolsa de pós-doutorado concedida. Também agradece à prof. dra. Vânia D'Almeida não apenas pelo apoio e pelo acolhimento em seu laboratório, importante para a compreensão do mecanismo neurobiológico do programa, mas também pelo encorajamento para difundir este trabalho para além do mundo acadêmico. Não pode, ainda, deixar de expressar gratidão às alunas Bárbara de Mello Ponteciano e Marianna Nogueira Cecyn, pela ajuda e pela dedicação ao projeto.

Alex agradece ao Instituto Federal de Educação, Ciência e Tecnologia do Sudeste de Minas Gerais – Campus São João del-Rei pelo apoio aos projetos e às ações de pesquisa e de extensão nas áreas de mindfulness, educação e estudos da linguagem. Gratidão também a todos os alunos bolsistas que participaram destas atividades, à Companhia Educacional Enlace e à Escola Estadual Iago Pimentel, por acolherem de forma generosa a equipe promotora dos referidos projetos.

Muitas das ideias deste livro advêm das pesquisas desenvolvidas ao longo de duas décadas sobre o mindfulness e, também, das palavras que estão expressas nas práticas contemplativas e na neurociência contemplativa. Nesse sentido, gostaríamos de agradecer ao Centro Mente Aberta e a toda a sua equipe de colaboradores, incluindo alunos de pós-graduação e profissionais em formação, que, com seu apoio e seu espaço de debates profícuos de ideias, enriqueceram o conteúdo deste livro. Também queremos agradecer a todos os milhares de pacientes e pessoas que passaram por nossos grupos de mindfulness e nos ensinaram muito com suas experiências, incorporando a atenção plena em suas vidas.

Somos muito gratos, ainda, a Marianna Nogueira Cecyn, que gentilmente nos cedeu seu tempo para elaborar as figuras 11.3 e 14.1.

Finalmente, somos extremamente gratos a todos os professores que passaram pelo Programa MBHP-Educa e pelo Programa de Neurociência para Educação. Também às nossas famílias, por seu apoio carinhoso em todas as etapas da vida, e à Editora Senac São Paulo, por confiar no tema e em nosso trabalho.

APRESENTAÇÃO

A arte de meditar e a prática de mindfulness ("atenção plena", "consciência plena") devem ser parte fundamental de nossa vida cotidiana, e é sobre esse pressuposto que este livro se debruça, em especial na aplicação das técnicas e dos programas de mindfulness no campo da educação, voltados a educadores e estudantes.

Nosso enfoque é prático, no formato de um manual, simples e com linguagem laica, universal e científica – como acreditamos que deva ser a abordagem de mindfulness, acessível a todos os seres humanos.

Temos a convicção, com base em nossa prática (pessoal e profissional) e na ampla evidência científica – aqui apresentadas de maneira integrada –, de que mindfulness nos permite cultivar habilidades socioemocionais imprescindíveis para a obtenção e a manutenção da qualidade de vida diante de tantas adversidades e ameaças ("internas" e externas) do mundo contemporâneo, bem como para podermos saborear os infinitos momentos de felicidade genuína em nossas vidas. Todos esses aspectos são tratados neste livro de maneira didática, com o objetivo de que possam efetivamente ser implementados no dia a dia na área educacional.

Não menos importante, a prática regular da atenção plena nos torna mais compassivos, melhorando nossas relações em todos os seus aspectos, afetando positivamente o clima em sala de aula e entre os professores – e esse é outro enfoque fundamental desta publicação.

Por último, é importante recordar que há situações as quais não podemos mudar, por mais que tentemos. Nesses casos, podemos aprender a conviver com aceitação consciente e, ao mesmo tempo, desenvolver resiliência.

Assim, não há fórmulas para a felicidade, mas ferramentas acessíveis para a promoção do bem-estar. As práticas de atenção plena que apresentamos, se realizadas regularmente, constituem estratégias incríveis para nos instrumentalizarem em todas essas nuances de nossa vida.

Como usar este livro

O livro está estruturado no formato de um manual prático, para que os educadores possam efetivamente incorporar as práticas e os programas de mindfulness em seu dia a dia e no cotidiano da sala de aula.

A parte 1 traz o embasamento conceitual e científico do programa completo de mindfulness para educação aqui apresentado. Sugerimos começar por essa parte.

A parte 2 traz o programa em si, estruturado em oito sessões de treinamento. Propomos a realização de um capítulo/sessão por semana, totalizando oito semanas ou, aproximadamente, dois meses. O programa é realizado comumente em grupos de 10 a 15 pessoas, podendo ser aplicado no ambiente escolar. É possível também aprender e usar as práticas e os exercícios individualmente, conforme as necessidades e condições.

A maioria das práticas conta com áudios de apoio. Basta "ler" com o celular o QR Code apresentado na página correspondente para ser levado diretamente ao áudio. Como alternativa, é possível digitar o código apresentado ao lado do QR Code.

Os áudios, preparados especialmente para este livro, ajudam o leitor a praticar a atenção plena. Basta preparar o ambiente conforme apresentado no capítulo 6 (ver páginas 97 a 120) e acionar o áudio.

A descrição da prática no livro tem a função de apresentá-la ao leitor, somente, ou de permitir que outra pessoa atue como facilitadora lendo o texto. A pessoa que vai meditar não deve ler o texto, mas apenas ouvir as orientações.

A parte 3 traz informações importantes sobre como implementar as práticas e os programas de mindfulness na escola, incluindo sugestões de exercícios destinados aos estudantes. Sugerimos que as práticas dessa terceira parte sejam utilizadas apenas após o educador ter passado pela experiência do programa de oito sessões, que é a base para a aprendizagem e a incorporação de mindfulness na vida diária e em sala de aula.

Além disso, recomendamos, aos educadores que queiram implementar práticas de mindfulness com qualidade adequada nas escolas, que passem por um programa de treinamento profissional para se tornarem instrutores certificados.

Desfrute a leitura e, principalmente, a prática!

INTRODUÇÃO

De que proposta educativa estamos falando?

Colaboração: *Ana Carolina de Almeida Bergamaschi**

Ao abordar a educação brasileira, não podemos desconsiderar o descaso que encobre as políticas educacionais ao longo de muitos anos. No ambiente escolar, há uma variada gama de desafios, de diferentes matizes. De um lado, há problemas estruturais, engendrados no próprio sistema de ensino, como relação entre professor e aluno no processo ensino-aprendizagem; o aparente desinteresse do estudante; métodos de ensino e condições educativas ineficientes. Somam-se a isso fatores extraescolares os quais se referem ao contexto socioeconômico e às características culturais apresentadas pelos alunos que podem influenciar seu desempenho escolar. Por outro, encontram-se professores desmotivados e com precárias condições de trabalho, a quem muitas vezes se transfere, exclusivamente, a responsabilidade pelo fracasso escolar.

Nesse cenário, que é extremamente complexo, a ocupação do professor merece destaque. Conforme os estudos de Márcia Bastos Miranda (2017), a atividade docente, considerada de alto risco pela Organização Internacional do Trabalho (OIT), tem sido

---

* Ana Carolina de Almeida Bergamaschi possui graduação em pedagogia pela Universidade Federal de São João del-Rei (UFSJ). É mestre em ciências pela Universidade Federal Rural do Rio de Janeiro (UFRRJ) e doutora em educação pela Universidade Federal de Minas Gerais (UFMG).

problematizada por envolver fatores que comprometem a saúde do profissional da educação, como baixa remuneração; aspectos socioinstitucionais (por exemplo, ausência de diálogo entre docentes e a gestão escolar, que muitas vezes toma decisões sem participação do professor); exigências físicas e mentais; longas jornadas de trabalho; exposição frequente às avaliações da comunidade escolar.

Corroborando essa perspectiva, Marcelo Pereira explica:

> Ao lado das precárias condições de trabalho e da reduzida prática coletiva com colegas e gestores, podemos constatar hoje nos professores um fenômeno crescente de esgotamento, absenteísmo e hipermedicalização, além da ocorrência de licenças médicas e desvio de função, muitas vezes atribuídos ao desinteresse generalizado dos alunos e à banalização da violência dentro da escola. (PEREIRA, 2014, p. 1)

Ainda conforme o autor, apesar de esse "mal-estar docente"[1] não ser privativo dos tempos atuais, muitos estudos demonstram que atualmente o fenômeno "se tornou, para muitos docentes, o grande dilema enfrentado no exercício da função" (PEREIRA, 2014, p. 2).

Nádia Maria Beserra Leite (2007) realizou uma pesquisa envolvendo oito mil professores da educação fundamental da rede pública na região centro-oeste. Na época, a autora apontou que 15,7% dos entrevistados apresentavam a síndrome de burnout,

---

[1] Pereira (2014) explica que diferentes expressões são empregadas para denominar as queixas dos professores relacionadas à profissão. Além de mal-estar docente, destacam-se angústia funcional, estresse, esgotamento emocional, depressão, despersonalização, frustração, sentimentos contraditórios, adoecimento mental e síndrome de burnout. Para efeitos deste trabalho, optamos pela última, em razão do uso frequente nas pesquisas das ciências humanas.

cujos sintomas são exaustão emocional, baixa realização profissional, sensação de perda de energia, de fracasso profissional e de esgotamento, que reflete intenso sofrimento causado por estresse laboral crônico.

Em que medida o estresse estaria associado à profissão do magistério foi um dos questionamentos levantados pela autora:

> Mas o que caracteriza a profissão docente como particularmente estressante e predisponente à exaustão emocional? A literatura vem demonstrando que, da maneira como está configurada, esta carrega problemas estruturais que potencialmente elevam o nível de estresse laboral [...]; além do mais, dado o caráter afetivo que permeia a relação professor–aluno, existem pressões de ordem emocional, agravadas pelo compromisso do professor no sentido de fazer com que esse aluno efetivamente se envolva com o processo de aprendizagem (Perrenoud, 1993-2001; Farber, 1991, Codo e cols. 1999; Carvalho, 1998). (LEITE, 2007, p. 134)

Pereira (2014, p. 15), igualmente, apresenta elementos que nos possibilitam compreender a procedência do chamado "mal-estar docente". Segundo ele, os problemas vivenciados por esses profissionais não devem ser simplesmente atrelados aos alunos. Em suas palavras, é preciso considerar um "mal-estar relacionado a certo grupo formado por aqueles que não conseguem driblar os reveses laborais, os avatares pedagógicos e, sobremaneira, as atribulações de suas vidas privadas". Logo, faz-se necessário:

> Auxiliar o professor a recuperar sua coragem moral para atuar em situações de incerteza e descontinuidades, para dar respostas mais ou menos rápidas mediante tais

> situações, para lidar com a apatia do alunado sem se tornar também apático e para entender as formas de "mal-estar na civilização" que continuam a assolar o mundo de maneira geral, inclusive o mundo pedagógico. (PEREIRA, 2014, p. 15)

Nessa seara, a prática regular de mindfulness como fator redutor de estresse e de ansiedade pode contribuir preventivamente para que os professores não venham a desenvolver um quadro de estresse crônico ou para que seus efeitos sejam minorados.

Mas não somente o burnout (talvez o ápice do estresse laboral) pode ter seus efeitos prevenidos. Ao propiciar a familiarização de uma postura de se manter no presente, sem uma exagerada preocupação com o passado nem uma antecipação ansiosa do futuro, bem como ao cultivar o não prejulgamento das situações, as técnicas de mindfulness talvez possam dar condições ao docente para que lide com contingências próprias da profissão, como:

- a frustração de ver um trabalho em desacordo com o planejado;
- a expectativa com relação aos resultados do processo ensino-aprendizagem, como o desempenho dos alunos em termos de notas e de produção de conhecimento;
- a perda da motivação pelo exercício da docência, seja por questões de baixa remuneração ou pela impossibilidade de continuação dos estudos após a formatura, muitas vezes levando ao abandono do ofício;
- a alta carga horária da jornada de trabalho a que muitas vezes são submetidos os professores;

- a conciliação das demandas pessoais e familiares com a vida profissional;
- as implicações políticas e sociais das tomadas de decisão governamentais com relação à carreira docente;
- a imposição gerencial de programas e metas, nas instituições educacionais, que não foram previamente discutidos e amadurecidos com os professores.

Outra questão que merece ser enfatizada é que, como Leite (2007, p. 134) menciona, a docência guarda uma intrínseca característica relacional, sendo uma atividade cujas dimensões existenciais e afetivas não devem ser desconsideradas. Seguindo essa perspectiva, ensina-se regularmente que a prática pedagógica deve ser permeada pela escuta (FREIRE, 1996), pela importância do diálogo (FREITAS, 1994), pelo querer bem aos alunos (FREIRE, 1996), pela reconstrução de valores que permitam uma nova leitura da realidade (INOUE; MIGLIORI; D'AMBROSIO, 1999).

Para Paulo Freire (1980), a educação é, antes de tudo, um ato de amor e coragem, embasado no diálogo, na discussão e no debate. Não se pode falar em educação sem se pensar na docência. Mario Sergio Cortella (2014, p. 13) diz que ser professor é ser aquele que "se compraz no encontro, na junção, na relação", significando termos uma humanidade que viva em "confraternização, com fraternos, irmanados". Segundo ele, não há nenhum risco em assumir essa "amorosidade".

As atividades de mindfulness desenvolvidas no contexto educacional, muito embora separadas de qualquer roupagem religiosa, não são desprovidas de uma base ética. Não se pensa em atenção plena sem o afeto da compaixão. Não é demais dizer que não existe mindfulness sem compaixão.

Professor de estudos religiosos da McGill University, no Canadá, e presidente do Mind & Life Institute – instituição que promove o diálogo entre ciência e conhecimento contemplativo –, Thupten Jinpa (2016) aponta que a compaixão é a base comum dos ensinamentos éticos de todas as principais tradições, sejam elas religiosas ou humanistas. A compaixão, por definição, é a percepção da existência do sofrimento e o desejo de que esse estado seja aliviado.

Demarzo e Campayo (2015, p. 149) descrevem dois elementos-chave da compaixão aplicada a mindfulness: (1) a sensibilidade ao sofrimento dos outros e de si mesmo e (2) o compromisso de aliviar esse sofrimento. A reflexão acerca do sofrimento desenvolve a noção de que temos uma humanidade compartilhada, gerando, pois, o florescimento da compaixão voltada ao outro.

O cultivo da compaixão por meio de práticas de mindfulness pode propiciar ao campo educacional inúmeras possibilidades para a realização de um ambiente cooperativo e humano, já que incrementa o desenvolvimento socioemocional e ético de professores e alunos.

Para Jon Kabat-Zinn (2005), mindfulness está relacionado a "estar em contato", com um profundo questionamento sobre sua visão de mundo e sobre quem você é. Na educação, esse olhar curioso e atento a respeito do que é ser professor, ser aluno e, ainda, sobre a relação que se estabelece entre ambos se torna crucial.

A maneira pela qual o professor observa o processo da docência, em seus complexos aspectos, e a forma pela qual enxerga o aluno passam por um profundo exercício de "estar em contato", de estar ancorado no momento presente, com abertura e curiosidade, sem uma postura preconcebida a respeito dos fenômenos que se apresentam.

A familiarização com a consciência plena, por meio de suas inúmeras práticas, pode propiciar um estado de presença, de (auto)cuidado, de empatia e de (auto)compaixão do professor com ele mesmo e em sua relação com o aluno.

Uma ressalva importante deve ser feita de antemão: mindfulness aplicado ao meio educacional não deve se apresentar como uma metodologia inovadora que vem "descartar" todas as práticas pedagógicas em educação, oferecendo a promessa de 100% de eficácia para a resolução de todas as contingências e todos os problemas historicamente instituídos. Isso seria pretensioso e ingênuo. No entanto, mindfulness pode ser considerado uma forma de "empoderamento" para os atores sociais que compõem os espaços educacionais – professores, alunos e gestores – perceberem suas próprias demandas, sejam elas físicas, mentais, emocionais ou relacionais, no contexto de sua própria realidade (inacabada, pois sempre em movimento), e, a partir daí, poderem atuar de maneira mais consciente.

De modo especial, mindfulness pode contribuir para um projeto em que o ser humano seja valorizado. Essa é a proposta de mindfulness na educação da qual vamos falar.

PARTE 1

Mindfulness e suas interfaces na educação

Neste capítulo, trabalharemos o conceito de estresse: um contexto histórico da palavra, uma visão clínica do estresse e o papel do mindfulness frente ao gerenciamento do estresse em sala de aula.

CAPÍTULO 1

Estresse na educação

Colaboração: *David Wilson* e Vânia D'Almeida***

> Adotar a atitude certa pode converter
> um estresse negativo em positivo.
>
> Hans Selye, endocrinologista austro-húngaro, século XX

---

* David Wilson é médico pela Escola Paulista de Medicina da Universidade Federal de São Paulo (EPM-Unifesp). Possui mestrado em genética molecular do comportamento pelo Instituto de Psiquiatria da Faculdade de Medicina da Universidade de São Paulo (FM-USP) e é doutorando em saúde coletiva pela EPM-Unifesp.
** Vânia D'Almeida é graduada em ciências biológicas pela Universidade Presbiteriana Mackenzie, com mestrado e doutorado em ciências biológicas (biologia molecular) pela Unifesp. Realizou pós-doutorado no Instituto de Química da USP e livre-docência pelo Departamento de Genética da Unifesp.

O termo "estresse" (*stress*, em inglês) pode ser substituído por "tensão", e seu significado é reconhecido desde tempos imemoriais por diversas culturas e épocas.

Os diferentes nomes dados a condições associadas ao estresse grave dão testemunho da presença da ideia desse problema no decorrer da história: "coração irritável" (Guerra Civil Americana, 1861 e 1865), "síndrome do esforço" (Primeira Guerra Mundial, 1914-1918), "reação do estresse de combate" (Segunda Guerra Mundial, 1939-1945), "transtorno do estresse pós-traumático" (Guerra do Vietnã, c. 1959-1975), "síndrome da Guerra do Golfo" (1990-1991).

Há definições bastante sofisticadas e envolvendo conceitos desenvolvidos ao longo de anos de pesquisa, mas podemos defini-lo como uma discrepância subjetivamente importante, ou um hiato, entre o que se quer e o que se tem em determinada situação. A intensidade do estresse relaciona-se diretamente à discrepância.

Para fins práticos, ele pode ser descrito como uma circunstância que perturba, ou tem grandes chances de perturbar, o funcionamento fisiológico ou psicológico de uma pessoa.

Com base nos trabalhos de Walter Cannon (1875-1945) acerca do preparo do organismo para a "luta ou fuga", em Harold Wolff (1898-1962), associando o estresse a estados emocionais específicos, e em Hans Selye (1907-1982), com o desenvolvimento da "síndrome geral da adaptação", o estresse acaba por se constituir em um conceito fundamental nas ciências de saúde, atravessando praticamente todas as condições clínicas (como desencadeante, agravante ou consequência, ou como as três simultaneamente) e, também, a experiência humana fora da doença.

Uma das categorias envolvidas em estresse – e que tem recebido atenção em diversos estudos – é a síndrome de burnout, na qual o estresse crônico desadaptativo (em especial em situações ocupacionais) leva à exaustão física e psicológica.

Desde o início da pesquisa sistemática do estresse em saúde, tem sido gerado um grande volume de publicações em que se percebe a reatividade ao estresse (moderada por fatores de personalidade) atuando intimamente em diversas condições clínicas e psiquiátricas.

Estresse, estressor e ambiente

O estresse, sem outras especificações, abrange um conceito amplo e vago. Assim, é importante definir alguns aspectos que podem nortear o entendimento em relação ao impacto e à influência na saúde.

Os primeiros quadros associados ao estresse que foram descritos diziam respeito ao estresse intenso, circunscrito, frequentemente envolvendo a integridade física ou a própria vida (por exemplo, catástrofes naturais, guerra, estupro, sequestro, tortura, entre outros). Alguns autores têm considerado esse estresse como o "grande estresse" ou "S", em contrapartida ao pequeno "s". O "pequeno estresse" se refere a outras formas, mais arrastadas e que acompanham o cotidiano, sem ter o componente de uma ameaça à vida ou à integridade física (dificuldades de relacionamento familiar, sobrecarga de atribuições, má adaptação à própria atividade, entre outros exemplos).

O paradigma do transtorno mental associado ao "S" seria o estresse pós-traumático, e o quadro tipicamente associado ao "s" seria o burnout.

Para fins de simplificação, é possível agrupar o "grande estresse" e o "pequeno estresse" em uma única entidade, a qual pode ser didaticamente repartida em "estressor" e "resposta psicofisiológica ao estressor".

- **Estressor:** envolve os exemplos citados anteriormente, tanto para o grande como para o pequeno estresse (ou seja, catástrofes para o "S", sobrecarga de atribuições para o "s"), e apresenta aspectos que podem ser abordados profilaticamente.

- **Resposta psicofisiológica ao estressor:** envolve todo o complexo psicofisiológico do indivíduo submetido ao estressor. Esse é o aspecto do estresse que exige intervenções em diversos níveis (farmacológico, psicoterápico, psicossocial, entre outros).

Estresse na atividade docente

A atividade de professor, de "dar aulas", ou seja, ministrar aulas, e todo o conjunto de atribuições agregadas (gestão, coordenação, supervisão, entre outros) trazem, além do estresse cotidiano inerente à profissão (compromisso com horários, lidar com imprevistos e deslocamentos, tensões com os pares), particularidades específicas da própria natureza do ensino.

Mesmo que implicitamente e não constante dos condicionantes do contrato de trabalho, existe a expectativa cultural de que o professor dê conta de uma série de atribuições e de que uma determinada "vocação" o torne mais resistente e refratário aos equívocos e pecadilhos do cotidiano.

No entanto, e por mais que a profissão tenha um componente de idealismo e altruísmo, muitas vezes essa expectativa acaba fazendo com que a intensidade dos estressores seja minimizada pela própria pessoa e por outrem.

A responsabilidade de conduzir/mediar o processo ensino-aprendizagem é, por si só, suficientemente desgastante. Esse processo, que pode ser exigente e bastante complexo em muitas situações, acaba por se constituir em um importante consumidor da energia do professor.

Um segundo aspecto dessa estrutura reside no fato de que o desempenho do professor frequentemente é considerado com base no resultado que os alunos obtêm em suas avaliações e atividades. Muitas vezes, a imprevisibilidade do resultado pode gerar expectativa e frustração (ambas experiências estressantes). Também a demanda didática, as mudanças a que os professores se veem obrigados a incorporar na forma e no conteúdo das aulas, a necessidade de lidar com alunos com transtornos ou problemas comportamentais, todas acabam por acrescentar desgaste à atividade.

O componente educativo, pelo qual se espera que sejam construídos valores e estabelecidas atitudes que favoreçam a cidadania, também é ponto de geração de estresse, em uma dimensão que ultrapassa a aplicação de conteúdo didático e produz uma expectativa em relação aos valores que serão cultivados, os quais recaem como uma "cobrança" ao professor.

Por fim, temos que ao professor também é delegada responsabilidade pelo bem-estar dos alunos, dentro e fora da sala de aula, o que pode se revelar uma tarefa pouco gratificante e de grande exigência, dada a extrema complexidade dos agrupamentos humanos.

Todas essas demandas podem, vez por outra, constituir um juízo de valoração em que a ideia da competência é colocada em questão, o que trará consequências sobre as motivações para as atividades, podendo contribuir para uma espiral progressiva, uma alça de *feedback* positivo entre frustração e estresse.

Enfim, por todos os ângulos, vemos que o sistema educacional se recobre de desafios, primordialmente advindos do fato de que o professor pode se responsabilizar pela qualidade do que é fornecido ao aluno e pela qualidade dos cuidados prestados, embora o resultado final dessa operação permaneça envolto no imprevisível. A falta de controlabilidade do estressor é fator decisivo para a intensidade de seus efeitos sobre a saúde, e a exigência de continuamente adaptar padrões cognitivos e comportamentais às demandas internas ou externas, quando percebidas como sobrepujantes, acaba por consumir quantidades imensas de energia.

Agressividade/hostilidade

Desde o início dos estudos sobre estresse, a agressividade e a hostilidade têm sido associadas não só a quadros decorrentes de estresse como também a parte do perfil sintomático desenvolvido como consequência da exposição ao estresse. A hostilidade, em especial, aparece em determinados traços de personalidade, como é o caso do padrão tipo A de comportamento (competitividade, impaciência e hostilidade), amplamente estudado em relação a eventos coronarianos. Também o traço de neuroticismo do FFM (modelo dos cinco fatores de personalidade) é associado à elevação da agressividade/hostilidade e ao estresse.

Inicialmente investigado em sua correlação com infarto agudo do miocárdio e outros eventos coronarianos, o padrão tipo A de comportamento apresenta um elemento de dominância social que acrescenta à "fome de tempo" da impaciência uma tendência à dominância social, ou seja, a esperar que os outros correspondam ao que ele acha que devem ser ou fazer. Essa disposição seria um fator de aumento das possibilidades de desencontro e atrito nos relacionamentos sociais e nas interações, bem como uma maior reatividade fisiológica à adversidade.

A hostilidade e a impaciência podem se manifestar em quase todos os pontos de contato do ambiente escolar.

- **Do lado do professor:** a urgência de entrega do conteúdo programático bem como o respeito aos prazos e níveis mínimos de competência a serem desenvolvidos. Tal urgência pode contribuir muito para a perda da elasticidade da paciência e o estreitamento do repertório de estratégias passíveis de aplicação.

- **Do lado do aluno:** a absorção da informação e o manejo social de suas emoções e expectativas. O caráter compulsório da escola e das atividades.

- **Do lado do gestor:** a responsabilidade pelo andamento coerente de todas as expectativas dos grupos citados anteriormente, bem como a absorção das expectativas e frustrações dos pais dos alunos.

Pode-se, então, pensar na agressão/hostilidade como um fator predisponente e como consequência da compressão de responsabilidades em todos os lados citados anteriormente, à qual se associa uma restrição das possibilidades de ação, produzindo um ambiente de altos encargos e baixa margem de manobra.

Vale ressaltar que tais fatores estressantes não se referem a alguma situação administrativa ou de gestão específica. Trata-se, antes, do estresse cotidiano, rotineiro, inerente à atividade docente, sendo, portanto, parte do dia a dia de quem labora na educação.

O uso de técnicas e programas com base em mindfulness no ambiente escolar busca intervir no ciclo vicioso estresse-agressividade-estresse, procurando interrompê-lo, a fim de tornar a atmosfera da escola mais confortável e favorecer a atividade didática, razão de ser de toda estrutura de ensino.

A história de mindfulness com as ciências de saúde tem no trabalho de Erich Fromm (1900-1980) seu início formal, mas é com a obra pioneira de Jon Kabat-Zinn (1944-), focado na redução de estresse, que mindfulness se introduz no *mainstream* das práticas de saúde.

Embora inicialmente tenha se difundido como uma prática atencional, um segundo aspecto dos programas que usam mindfulness é o que tem sido traduzido como compaixão, ou seja, uma forma de ligação que, via uma atitude sadia em relação ao próximo, favorece o diálogo e tende a reduzir as chances de atritos e estresse nas relações interpessoais em todos os níveis.

O treinamento atencional associado à sensibilização compassiva que as práticas favorecem pode propiciar um melhor convívio e mais eficiência nas relações interpessoais e profissionais no meio escolar, o qual se constitui, fundamental e essencialmente, em um ambiente laboral.

Neste capítulo, apresentaremos as definições básicas relacionadas a mindfulness atualmente, assim como conceitos-chave que são ensinados nos programas de treinamento baseados em mindfulness nas escolas. Esses aspectos são fundamentais para entendermos os benefícios da aplicação de mindfulness em sala de aula, os quais serão aprofundados ao longo do livro.

CAPÍTULO 2

O que é mindfulness?

Colaboração: *Marianna Nogueira Cecyn* e José Carlos Fuscella***

> Mindfulness é a simplicidade em si mesmo.
> Trata-se de parar e estar presente. Isso é tudo.
>
> Jon Kabat-Zinn, biólogo e doutor em biologia molecular
> norte-americano, séculos XX-XXI

---

* Marianna Nogueira Cecyn possui graduação em neurociência pela Universidade Federal do ABC (UFABC) e mestrado em neurociência e cognição pela mesma instituição.
** José Carlos Fuscella é professor de física do ensino médio e de curso pré-vestibular. Engenheiro civil pela Escola Politécnica da USP e psicólogo com especialização em mindfulness e saúde pela Unifesp. É coautor e instrutor do Programa MBHP-Educa.

Uma conceituação comumente usada a respeito de mindfulness (atenção plena ou consciência plena) é a de Jon Kabat-Zinn, biólogo e doutor em biologia molecular que, em 1979, desenvolveu o Programa de Redução do Estresse Baseado em Mindfulness (MBSR, ou *Mindfulness-based Stress Reduction*) na University of Massachusetts, nos Estados Unidos. É de Kabat-Zinn (2013, p. 2, tradução nossa) a definição que adotamos neste livro: "[Mindfulness é] a consciência que emerge de se prestar atenção com propósito, no momento presente, de uma forma não julgadora ao desdobramento da experiência momento a momento".

Tal estado de consciência permite então que observemos "as coisas e os fenômenos" (experiências internas e externas) de maneira mais imediata, tal como surgem, como eles realmente são, sem prejulgamentos ou juízos prévios de valor. Seria uma experiência distinta ao que comumente ocorre em nosso dia a dia, no qual sempre tendemos a observar a realidade por meio de nossos filtros cognitivos (em geral, experiências prévias ou crenças pessoais), os quais são, via de regra, propensos a vieses de avaliação, muitas vezes interferindo prejudicialmente em nossa tomada de decisão.

É possível ainda dividir o conceito de mindfulness didaticamente em três componentes: atenção, atitude e intenção.

> **Atenção:** o estado de consciência de mindfulness inclui a autorregulação da atenção (*self-regulation of attention*), ou seja, levarmos nossa atenção a cada atividade ou fenômeno enquanto está ocorrendo ("momento presente"). É uma contraposição ao estado de desatenção no qual frequentemente nos encontramos (ou em aproximadamente 47% do tempo, segundo estudos recentes). Nesse estado de desatenção, nossa mente fica

"à deriva" em pensamentos ou imagens sobre eventos passados ou planos futuros ou, ainda, em associações de pensamentos. Consequentemente, não conseguimos observar a experiência direta dos fenômenos (internos e externos).

- **Atitude:** por outro lado, mindfulness não é apenas atenção ou concentração. Além da autorregulação da atenção, o estado de mindfulness envolve necessariamente uma qualidade atencional específica, fundamental, que pode ser caracterizada como uma "atitude mental" de abertura e curiosidade frente à experiência (*orientation to experience*). Essa atitude também pode ser traduzida como mente ou olhar do principiante ou, ainda, como aceitação (*acceptance*). Nesse caso, aceitação não significa resignação, mas uma atitude mental de observar o fenômeno como ele é, evitando prejulgamentos, ideias preconcebidas ou juízos prévios de valor (*detached observation*).

- **Intenção:** o terceiro componente é a base dos outros dois anteriores, pois tanto a autorregulação da atenção como a atitude mental de abertura e aceitação são intencionais, ou seja, o praticante tem a "intenção" ou "decide acessar" esse estado ou não. Isso quer dizer que há sempre uma escolha: estar ou não no estado de mindfulness, estar ou não atento, estar ou não em uma atitude de abertura não julgadora frente aos fenômenos. Entende-se que, com o treinamento regular de mindfulness, nossas habilidades podem ser desenvolvidas e se tornar mais "naturais" e aplicáveis em nosso dia a dia, mas sempre é uma decisão ou escolha consciente acessarmos esse estado mental.

Ainda derivado do conceito de mindfulness e das pesquisas mais recentes sobre o tema, o "traço psicológico" de mindfulness consiste na capacidade que todos nós temos, em maior ou menor grau, de aplicar esse estado de consciência nas atividades cotidianas. Aparentemente é algo banal, mas veremos ao longo do livro que cultivar e utilizar mindfulness no dia a dia não é algo usual e exige treinamento para que seja aprimorado, por meio de técnicas meditativas e programas baseados na prática regular.

Um breve histórico dos programas baseados em mindfulness

Dentro das tradições contemplativas humanas, os conceitos e práticas relacionados a mindfulness são bastante antigos – na verdade, milenares –, muitas vezes desenvolvidos dentro de contextos filosóficos, religiosos ou espirituais, como no budismo e no estoicismo, e vinculados aos exercícios meditativos.

Fora das tradições contemplativas, a prática laica e secular de mindfulness é mais recente, contemporânea. Como já citado, Jon Kabat-Zinn, no final da década de 1970, no centro médico da University of Massachusetts, foi pioneiro em trazer as práticas meditativas e contemplativas para o contexto clínico-acadêmico e científico, com o objetivo de ampliar o acesso a elas, de modo que qualquer pessoa pudesse realizá-las e se beneficiar de seus efeitos, independentemente de suas crenças, de maneira não sectária.

Com Jon Kabat-Zinn, nasceram os primeiros programas de treinamento ou intervenção baseados em mindfulness (MBIs, ou *Mindfulness-based Interventions*), com linguagem laica e universal (não religiosa), cujos objetivos iniciais consistiram em ajudar pessoas que sofriam de dores ou outras doenças crônicas a ter uma melhor qualidade de vida.

O hoje internacionalmente reconhecido Programa de Redução do Estresse Baseado em Mindfulness – o já citado MBSR, desenvolvido por Kabat-Zinn e colaboradores – é classicamente desenvolvido ao longo de oito semanas, com encontros semanais de aproximadamente duas horas, nos quais são ensinadas e treinadas técnicas de meditação mindfulness e conceitos correlatos que auxiliam na incorporação das práticas e do estado de mindfulness no dia a dia.

As principais técnicas utilizadas derivam das práticas meditativas das tradições contemplativas, em especial do budismo, as quais são adaptadas para que sejam de simples acesso a qualquer pessoa. Em geral, essas técnicas usam a consciência corporal como base para o treinamento em mindfulness, como a atenção plena na respiração, nas sensações ao longo do corpo ("escaneamento" corporal) ou em movimentos comuns do dia a dia (por exemplo, a caminhada com atenção plena).

Os resultados inicialmente observados na qualidade de vida de pacientes com dor ou outras doenças crônicas foram animadores. Por exemplo, muitos que já não respondiam satisfatoriamente aos medicamentos obtiveram melhoras expressivas na qualidade de vida, lidando melhor com a condição no dia a dia, com menos interferência da dor, vivenciando menos sofrimento e limitações.

No capítulo 3 (ver página 55), discutiremos de forma mais aprofundada a neurobiologia de mindfulness, trazendo o conceito de neuroplasticidade e os estudos científicos que investigam as alterações positivas da prática regular de mindfulness na saúde (física e mental) e que explicam a percepção da melhora na qualidade de vida.

Inspirados pelos resultados positivos da aplicação do MBSR, outros programas foram desenvolvidos ao longo das últimas décadas, adaptando-se a diferentes públicos e objetivos, mas mantendo a estrutura básica do desenvolvido por Jon Kabat-Zinn. Por exemplo:

- Terapia Cognitivo-comportamental Baseada em Mindfulness (MBCT, ou *Mindfulness-based Cognitive Therapy*), voltada a ansiosos e depressivos;

- Programa de Prevenção à Recaída Baseado em Mindfulness (MBRP, ou *Mindfulness-based Relapse Prevention*), para adictos;

- Programa de Promoção da Saúde Baseado em Mindfulness (MBHP, ou *Mindfulness-based Health Promotion*), para a população em geral e políticas públicas;

- Programa Baseado em Mindfulness e Alimentação Consciente (MB-EAT, ou *Mindfulness-based Eating Awareness Training*), destinado a pessoas com distúrbios alimentares;

- Cultivo da Consciência e Resiliência na Educação (CARE for Teachers, ou *Cultivating Awareness and Resilience in Education*), para professores (nos Estados Unidos);

- Técnicas de Relaxamento Vivencial Aplicadas à Sala de Aula (TREVA, ou *Técnicas de Relajación Vivencial Aplicadas al Aula*), para professores (na Espanha).

No contexto nacional, um dos pioneiros a trabalhar com os programas de mindfulness laicos foi o físico e budista ordenado Stephen Little, irlandês radicado no Brasil há duas décadas. Já o Centro Mente Aberta foi o pioneiro em adaptar culturalmente e oferecer sistematicamente as MBIs (como dito anteriormente, intervenções baseadas em mindfulness) para a população brasileira. É um centro de ensino, pesquisa e extensão filiado à Universidade Federal de São Paulo (Unifesp).

O Centro Mente Aberta realiza pesquisas científicas sobre o tema e forma alunos de pós-graduação (*stricto* e *lato sensu*), além de profissionais de diversas áreas do conhecimento, por meio de programas de especialização e formação de instrutores de mindfulness.

Além disso, em parceria com o Sistema Único de Saúde (SUS), oferece regularmente à população acesso a grupos de atenção plena, além de programas especiais para profissionais de saúde, policiais civis e militares e professores de escolas públicas. São ofertados, por exemplo, o Programa de Promoção da Saúde Baseado em Mindfulness para Educadores (MBHP-Educa), criado pelo próprio Centro, o MBCT e o MB-EAT, todos sem custos, dentro de políticas públicas das áreas da saúde e da educação e em organizações em geral. Além disso, mantém parcerias com grupos estrangeiros, como a Universidad de Zaragoza, na Espanha, e a University of Oxford, no Reino Unido, que propiciam intercâmbio científico e cursos de aprimoramento.

Inspiradas pelo Centro Mente Aberta e por outros similares no exterior, universidades brasileiras têm começado a estruturar centros de mindfulness. Dentro da própria Unifesp, há outro centro (MBRP Brasil), que se dedica aos programas de mindfulness voltados a dependentes (drogadição em geral), assim como na Universidade de São Paulo (USP), na Universidade do Estado do Rio de Janeiro (UERJ) e em diversas outras instituições públicas ou privadas no país.

Outros conceitos associados a mindfulness

Nos próximos parágrafos, vamos nos aprofundar em alguns conceitos complementares à definição de mindfulness que apresentamos. Esses conceitos são fundamentais para refinarmos nossa compreensão de mindfulness e de sua aplicação prática no ambiente escolar e serão retomados de forma contextualizada ao longo do livro.

PILOTO AUTOMÁTICO, MOMENTO PRESENTE E ÂNCORA DA ATENÇÃO

Quando estamos correndo entre um compromisso e outro, indo de casa para o trabalho e vice-versa, muitas vezes não prestamos atenção no caminho que fazemos. Simplesmente deixamos o piloto automático rodando e vamos correndo, apressados, para "ganhar tempo". Comemos assistindo à TV e olhando os e-mails, dando uma espiadinha nas redes sociais para saber o que está acontecendo no mundo. Chegamos à noite em casa e vamos dormir com pensamentos de preocupação com os possíveis problemas que precisaremos resolver no dia seguinte. Chega o dia seguinte, e nada acontece em relação àqueles problemas que nos tinham provocado ansiedade na noite anterior, mas uma discussão na parte da manhã nos deixa mal-humorados até a noite, como se tudo estivesse "estragado" porque nossa expectativa foi quebrada, e nossa vontade, contrariada de alguma forma.

A semana passa rápido, e temos a sensação de não termos concluído as tarefas que havíamos planejado. Chega o fim de semana, e logo já percebemos que é segunda-feira e não conseguimos aproveitar o descanso. Tudo passou muito rápido, e mal podemos esperar as férias chegarem para poder colocar todas as tarefas atrasadas em dia. Mas elas chegam e passam como relâmpago, enquanto estamos ansiosos pelos problemas que imaginamos que nos aguardam quando retornarmos ao trabalho.

Se os parágrafos anteriores foram cansativos de ler e geraram uma certa angústia, essa era justamente nossa intenção. Infelizmente, esse modo de vida "automático", como se não tivéssemos nenhum controle sobre ela, tem se tornado cada vez mais frequente. É comum vivermos sempre "correndo atrás de algo" ideal, que muitas vezes não podemos alcançar, e criamos expectativas que, em vez de nos motivarem, nos frustram. Em meio a essa percepção de "caos", é pouco comum que desaceleremos, que "desautomatizemos", parando para observar o que realmente é importante e possível fazer naquele momento.

Mindfulness nos convida a parar por alguns instantes para sairmos desse modo de piloto automático mental ("mundo das ideias", muitas vezes caótico e aleatório), a fim de que possamos perceber como realmente estamos naquele momento (incluindo pensamentos, emoções e sensações físicas) e observar a realidade que se apresenta (contexto, circunstância, situação) e o tipo de decisão que podemos tomar frente a essa realidade.

Isso é o que estamos chamando de vivenciar o momento presente, ou seja, a possibilidade de, por meio de um estado mental intencional de atenção ou consciência plena, sair do piloto automático e parar para observar a realidade (interna e externa) da maneira como ela está emergindo naquele exato momento.

Quando falamos em observar o momento presente, realmente não é uma tarefa fácil ou banal. Mas existem ferramentas que nos ajudam a treinar essa habilidade de estarmos mais conscientes da realidade como ela é e menos no piloto automático, e os estudos neurocientíficos mostram que uma das ferramentas mais efetivas são as técnicas meditativas do tipo mindfulness, que trataremos mais detalhadamente na parte 2 (ver página 87).

Essas técnicas usam o conceito de âncora: um ponto de apoio da atenção para que nossa mente esteja menos à deriva e no piloto automático. Umas das âncoras mais utilizadas é nossa própria respiração, base da maioria das práticas de mindfulness, como veremos mais adiante.

MENTE DE PRINCIPIANTE: UM CONVITE À CURIOSIDADE

Como vimos, a atenção ou consciência plena é cultivada por meio de uma qualidade de atenção específica no momento presente, idealmente livre de prejulgamentos ou juízos prévios de valor. Essa qualidade de atenção costumamos comparar com o "olhar de uma criança curiosa", que explora cada momento com a curiosidade de um cientista, apreendendo a realidade como ela é. É essa mente aberta e curiosa que podemos chamar de olhar do principiante ou mente de principiante (*beginner's mind*), e sua prática regular nos permite um olhar novo a cada experiência, sem expectativas (boas ou ruins) – apenas a vivência daquela experiência em si.

Todos nós já temos essa habilidade – o traço de mindfulness, como já comentamos. Apenas não estamos acostumados e treinados a desenvolvê-la.

"MODO FAZER" E "MODO SER" DA MENTE

Outra forma diferente de entendermos mindfulness é como um processo cognitivo "não narrativo" de viver a realidade, que alguns autores denominam modo ser. Essa mente não narrativa seria uma contraposição à forma habitual com que nossa mente funciona na vida diária, que podemos chamar de modo fazer. O modo fazer poderia ser definido como voltado à realização de uma meta ou conquista, ou seja, a mente está preocupada e focada em analisar o passado e o futuro a fim de ter sucesso na obtenção daquela meta. Em consequência, o presente tem pouca importância naquele momento.

Reavaliar o passado e planejar o futuro não é um problema em si – pelo contrário, permite-nos rever e prever situações e tomar decisões, e fazemos isso muitas vezes durante o dia. O problema é que esse modo mental tem um "efeito colateral" ou "adverso": a mente tende a divagar de maneira contínua, com um diálogo interno (narrativa mental) exaustivo e, muitas vezes, repetitivo, no qual analisamos as discrepâncias entre como as coisas estão e como gostaríamos que estivessem ou fossem (nossas expectativas). Assim, tudo o que acontece começa a ser julgado como bom/mau, agradável/desagradável, o que pode ser cansativo e até angustiante em algumas situações, gerando estresse. Nessas situações seria interessante acessarmos o modo ser, para reequilibrarmos as coisas.

No modo ser ou não narrativo, também chamado de modo mindful, o objetivo não é atingir uma meta concreta – não há nada especial a fazer ou obter, mas apenas ser ou estar naquele momento. Como não há expectativas específicas, a mente não analisa as discrepâncias delas com a realidade. O foco do modo ser está em aceitar e permitir a experiência dos fenômenos em nossa vida diária, sem pressão para mudá-la nem a julgar.

O interessante é que esse estado mental pode ser alcançado de forma voluntária, por meio da prática regular de mindfulness. Esse modo mental nos coloca mais em contato com a experiência imediata e gera uma forma não narrativa, não conceitual de nos relacionarmos com o mundo ao redor.

O objetivo então, como dissemos, é acessar de maneira equilibrada e consciente esses dois modos mentais, alternando entre o modo fazer e o modo ser conforme sentimos necessidade e utilidade para cada momento. Ou seja, não precisamos nos manter sempre no modo ser, já que a realização de atividades intelectuais ou que envolvam uma meta podem e devem ser desenvolvidas no modo fazer. O que se pretende é não permanecer sistematicamente instalado no modo narrativo (fazer mental; diálogo interno), pois pode não ser útil ou se tornar uma prisão em determinadas situações, em especial quando emergem pensamentos autodepreciativos ou excessivamente críticos, que se repetem em nossa mente de maneira automática, gerando mal-estar e aumento de estresse. Essa situação negativa associada ao modo fazer chamamos de ruminação mental e é a base de muitos transtornos mentais, como a ansiedade e a depressão.

A prática de mindfulness nos permite passar do modo fazer ao modo ser de forma voluntária e consciente.

Jon Kabat-Zinn usa a metáfora de um rio com correnteza para falar de nossa mente quando estamos no modo fazer: somos levados pela correnteza sem saber onde entramos no rio ou onde vamos parar. O mesmo autor também utiliza uma metáfora bem interessante para ilustrar o que acontece quando começamos a sair do piloto automático e nos aprofundar no modo ser. Ele compara nossa mente a um mar turbulento em uma tempestade: se estamos na superfície, somos jogados de um lado para o outro. Mas, se temos a coragem de ir mais fundo em nossa prática diária, mergulhando mais profundamente nesse mar, lá encontramos águas mais tranquilas, independentemente da turbulência na superfície, e assim conseguimos observar a realidade com mais clareza, sem sermos levados por nenhuma correnteza de pensamentos.

Gestão consciente da sala de aula

Discutimos brevemente um histórico sobre mindfulness para oferecer um contexto mais amplo de seus conceitos e programas. Apresentamos conceitos importantes como piloto automático, mente de principiante, âncora da atenção, modo fazer e modo ser. Mas como tudo isso pode fornecer ao educador ferramentas para a sala de aula?

Com base na evidência científica atual, podemos dizer que um professor mais atento, mais consciente, com olhar de principiante, que equilibra bem os modos fazer e ser da mente, é capaz de gerenciar a sala de aula com decisões mais conscientes e com menor estresse (menor sobrecarga e menor propensão ao burnout). Além disso, pode olhar para os alunos de maneira mais consciente e compassiva, compreendendo efetivamente o que está por trás daquela criança e daqueles comportamentos, ou seja, uma história de vida particular e complexa.

Uma autoconsciência e uma autopercepção mais amplas, resultantes da incorporação da prática de mindfulness aos hábitos diários, têm impactos nos outros também, pois, quando estamos mais presentes nas situações, conseguimos praticar a escuta atenta ou plena e ouvir realmente as necessidades do outro, tendo maior clareza em nossa comunicação, inclusive ao falarmos. Isso gera menos ruídos e, consequentemente, uma relação mais saudável com as pessoas, o que acaba se refletindo em sala de aula, melhorando o clima da classe e o desempenho dos estudantes.

Nossa fala, nossa expressão facial e nossa postura alteram a maneira como nos enxergam: um professor que não tem as habilidades necessárias para regular as emoções passa uma linguagem verbal e não verbal que dificulta a vinculação afetiva com o aluno e o processo ensino-aprendizagem. Por outro lado, o professor tem o poder de influenciar os estudantes, criando um ambiente acolhedor de descoberta e aprendizado – mas, para isso, ele deve antes fazer sua caminhada interna, a fim de desenvolver essas habilidades.

A conexão estabelecida entre professor e aluno, eminentemente dois seres humanos, pode ser transformadora. Uma obediência criada pela relação de confiança e respeito, sem medo, impulsividade ou agressividade. No capítulo 5 (ver página 79), veremos como a compaixão e a prática da bondade ou a consciência amorosa podem ser fundamentais para a gestão mais consciente da sala de aula. E, a partir do capítulo 7, serão apresentados exercícios para desenvolver as habilidades de mindfulness no ambiente escolar.

Este livro não pretende responder exaustivamente a todas as perguntas que o tema suscita, mas fornecer os subsídios para um caminho diferente do piloto automático em sala de aula, apresentando aos professores ferramentas úteis e com base em evidência científica para uma maior qualidade de vida e uma melhor gestão do clima de classe. Lembrando que a real transformação começa em nós mesmos, por isso, a prática pessoal de mindfulness do educador será valorizada em todo o processo.

Neste capítulo, discutiremos brevemente como a prática do mindfulness pode modificar nosso cérebro e aprimorar competências socioemocionais. Também discorreremos sobre como a atenção plena pode auxiliar o professor a desenvolver habilidades essenciais para o dia a dia em sala de aula. Muitos são os desafios de uma educação integral, e a pedagogia e a neurociência podem e devem trabalhar juntas, como veremos.

CAPÍTULO 3

Neurociência e mindfulness para uma educação integral

Colaboração: *Marianna Nogueira Cecyn**

> Cada homem, se desejar,
> pode ser o escultor do próprio cérebro.
>
> Santiago Ramón y Cajal, médico e histologista espanhol,
> considerado o "pai da neurociência moderna", séculos XIX-XX

---

* Marianna Nogueira Cecyn possui graduação em neurociência pela Universidade Federal do ABC (UFABC) e mestrado em neurociência e cognição pela mesma instituição.

O cérebro que medita

Meditar provoca alguma mudança no cérebro?

Antes de respondermos a essa pergunta, um tema muito importante para tudo o que vamos abordar neste capítulo – e que também nos ajudará a entender o porquê das práticas – é a neuroplasticidade: a habilidade do cérebro de se reconectar por meio da própria experiência.

Nosso sistema nervoso tem a capacidade de se adaptar ao ambiente. Os neurônios recebem a informação do ambiente, adaptam-se a elas e passam a informação a uma rede formada por outros neurônios que, juntos, adaptarão o comportamento ao ambiente.

Os neurônios conversam entre si através das sinapses, espaços entre os neurônios nos quais estes liberam moléculas chamadas neurotransmissores, que transmitem a informação para os neurônios seguintes. Vale ressaltar que existem também as sinapses elétricas, nas quais ocorre a passagem de íons diretamente de um neurônio para o outro. Essa comunicação entre os neurônios pode se modificar, aumentar ou diminuir de força e eficiência, e a isso damos o nome de plasticidade sináptica, também conhecida como neuroplasticidade. Neuroplasticidade é a base celular do aprendizado, da memória e de toda a adaptação que podemos observar nas funções cognitivas.

Os neurônios formam uma rede; populações de neurônios trabalham juntas para as mais diversas atividades. Por exemplo, a fala necessita do trabalho em equipe de áreas corticais principalmente do hemisfério esquerdo, como as áreas de Broca e de Wernicke, e do suporte de algumas regiões do hemisfério direito. Quando ocorre uma lesão na área de Broca, por exemplo, o paciente apresenta uma afasia específica, não conseguindo pronunciar os fonemas. Mas, como o cérebro é plástico, dependendo do grau da lesão, por meio de musicoterapia, por exemplo, a área equivalente à área de Broca do lado direito pode ser recrutada, e o paciente consegue cantar os fonemas que antes ele não conseguia falar; assim, ele readquire a capacidade de se comunicar.

Poderíamos ficar o capítulo inteiro falando de plasticidade, porque essa é uma habilidade incrível que nosso sistema nervoso tem! Mas vamos guardar a ilustração de neurônios conversando e essa conversa sendo facilitada ou dificultada. Também vamos guardar o conceito de redes neurais, porque um neurônio só é só uma célula; para termos funções cognitivas, precisamos de muitos neurônios de várias regiões trabalhando em equipe.

Voltando a falar sobre meditação, para responder a nossa pergunta inicial, vários pesquisadores investigam seus efeitos no sistema nervoso. Eles comparam o próprio relato dos voluntários e as escalas psicológicas que avaliam, por exemplo, qualidade do sono, qualidade de vida, sintomas de ansiedade e depressão e nível de mindfulness antes e depois de programas de mindfulness, para tentar encontrar essas mudanças. Além disso, os pesquisadores utilizam equipamentos capazes de observar a atividade do cérebro. Quando estamos falando de atividade neural, significa um padrão de atividade de população de neurônios conectados em uma rede. Juntos, esses neurônios disparam para desempenhar uma função. Sua atividade pode ser detectada por meio de técnicas não invasivas, em que o voluntário faz uma tarefa enquanto um equipamento registra seus sinais neurais.

Os equipamentos mais utilizados para observar essa atividade neural – ao longo desse capítulo iremos citar alguns deles – são eletroencefalograma (EEG), magnetoencefalograma (MEG), ressonância magnética funcional (fMRI, ou *functional magnetic resonance imaging*), tomografia computadorizada por emissão de pósitrons (PET scan) ou espectroscopia no infravermelho próximo (NIRS, ou *near-infrared spectroscopy*).

Estudos que utilizaram EEG observam que meditadores experientes apresentam uma oscilação do tipo gama (25 Hz a 100 Hz) robusta durante práticas meditativas da compaixão, enquanto outras práticas baseadas no foco atencional costumam apresentar oscilações alfa (8 Hz a 15 Hz) ou teta (4 Hz a 7 Hz). Isso nos mostra que diferentes tipos de meditação podem treinar habilidades diferentes; além disso, quando a prática meditativa se torna um hábito durante a vida, efeitos mais profundos e mais duradouros podem ser observados.

As oscilações gama encontradas indicam uma massiva sincronização com alta precisão temporal em altas frequências de populações neurais, resultando em alta amplitude: toda uma complexa rede neural muito ativa e sincronizada. E, mesmo em um estado de repouso, antes da prática, os meditadores apresentam um espectro de ondas diferente dos não meditadores, apontando que, mesmo fora da prática, os efeitos da meditação permanecem.

Além da prática da compaixão, a prática com foco atencional em uma âncora, como a respiração ou as sensações do corpo, altera a atividade neural conforme o treino de meditação se mantém ao longo do tempo. Aqui podemos destacar novamente a importância da regularidade e da continuidade da meditação para que os benefícios persistam. O que encontramos nos estudos é uma alteração nas oscilações do tipo teta, o mesmo tipo de oscilações presentes durante tarefas cognitivas complexas – sua sincronização em múltiplas regiões é importante para o processo atencional e de memória. Além disso, foi encontrado aumento do volume de substância cinzenta no giro para-hipocampal posterior esquerdo como efeito do treino da prática compaixão – da bondade amorosa (estudo de MRI, isto é, ressonância magnética). Essa região faz parte do sistema límbico, muito importante para a regulação das emoções, o que não foi encontrado em outras práticas como atenção focada ou atenção aberta. Além das emoções, a formação hipocampal é muito importante para a formação de memórias declarativas, tanto aquelas de conhecimentos gerais como as autobiográficas, e para a localização e a navegação espacial.

Corroborando os resultados encontrados por EEG, ao olhar para a estrutura encefálica em estudos de ressonância (MRI e fMRI), encontramos evidências de que a prática da meditação pode resultar em modificações funcionais e estruturais, como aumento da espessura do córtex pré-frontal e do córtex insular, regiões muito importantes para a regulação emocional. Além disso, estudos de fMRI demonstram um aumento de atividade e conectividade em regiões incluindo córtex pré-frontal, córtex insular e córtex cingulado anterior.

Outra estrutura importante para a regulação e a expressão das emoções, conhecida por seu papel nas memórias emocionais difíceis, a amígdala, também apresenta modificações em meditadores experientes; estes manifestam menor atividade da amígdala quando expostos a estímulos emocionais negativos se comparados a não meditadores, e pacientes ansiosos após o treino de mindfulness também apresentam diminuição na atividade da amígdala, apontando que programas baseados em mindfulness podem ser benéficos no tratamento de transtornos de ansiedade ou mesmo para regulação emocional da população em geral.

A figura 3.1 mostra as principais estruturas do encéfalo, em que podemos encontrar as áreas citadas no texto. O encéfalo é a parte do sistema nervoso que está dentro do crânio. É formado por cérebro (telencéfalo e diencéfalo – correspondente ao córtex e aos seus vários subsegmentos e aos núcleos subcorticais, como tálamo, hipocampo, amígdala e hipotálamo), tronco encefálico e cerebelo.

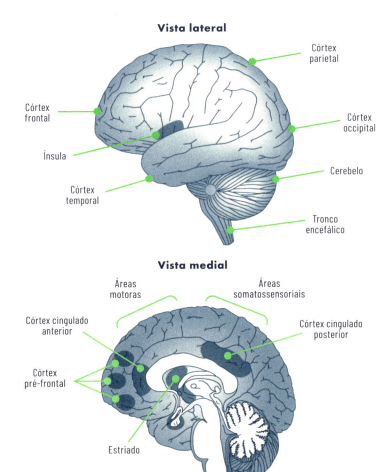

Figura 3.1 – Anatomia do encéfalo. Acima, vista lateral do hemisfério esquerdo. Abaixo, vista medial do hemisfério direito.
Fonte: adaptada de Tang, Hölzel e Posner (2015).

Estudos mostram que a prática contínua e persistente de mindfulness altera as redes neurais e aumenta as conexões entre regiões dos dois hemisférios. Lembra-se da neuroplasticidade sobre a qual comentamos no início do capítulo?

O quadro 3.1 apresenta um resumo do que foi encontrado por vários estudos científicos de fMRI.

Quadro 3.1 – Principais modificações encontradas na atividade cerebral durante as práticas meditativas.

Tipo de prática	Estruturas com maior atividade	Estruturas com menor atividade
Atenção focada	Córtex pré-motor, córtex cingulado anterior e medial.	Córtex cingulado posterior, lobo parietal inferior.
Recitação de mantra	Córtex pré-motor, área motora suplementar, putâmen, globo pálido lateral, giro fusiforme, cúneus e precuneus.	Córtex insular anterior.
Monitoramento aberto	Área motora suplementar, córtex cingulado anterior dorsal, área motora pré-suplementar, córtex inferior, córtex pré-motor.	Núcleo pulvinar do tálamo.
Compaixão e bondade amorosa	Córtex insular anterior, sulco parieto-occipital, córtex somatossensorial, lobo parietal inferior.	

Quando falamos na consciência e na regulação emocional, uma palavra nos vem: metacognição, que significa "olhar para si mesmo". Alguns estudos relacionam a metacognição a regiões como o córtex pré-frontal medial e o córtex cingulado posterior. Essa habilidade também é trabalhada com o treino de mindfulness. A metacognição é essencial para a regulação das emoções. Estar atento ao seu estado emocional e estar aberto às experiências – tanto boas como ruins –, com a atenção no momento presente, parecem ser os mecanismos cognitivos desenvolvidos com a prática da meditação que pode modificar padrões e dar novos significados a estados emocionais, como um novo aprendizado, proporcionando uma alteração na autopercepção e na autorrepresentação de quem medita, modificando sua maneira de "se ver" e de "ver o mundo", um novo padrão cognitivo baseado em modificações nas redes neurais – de novo, a neuroplasticidade em ação.

No treino de mindfulness, quando trabalhada a atenção focada na respiração ou nas sensações corporais, ou mesmo na caminhada atenta, o que estamos desenvolvendo é uma autopercepção mais refinada. Todas as sensações e todos os estímulos estão a todo momento presentes, porém dificilmente vamos parar para prestar a atenção em algo tão simples como a respiração, a não ser quando estamos resfriados e sentimos dificuldades para respirar pelo nariz, por exemplo. Ou em nossos pés – só pensamos neles quando um sapato está apertado. Ao andar de um lado para o outro, muitas vezes não nos damos conta sequer da sensação do caminhar, e até o caminho que estamos acostumados a fazer todos os dias passa despercebido.

Além disso, em práticas nas quais aprendemos a observar os pensamentos e as emoções, podemos perceber que nós não somos nossos pensamentos e nossas emoções e que eles vêm e vão, tanto os bons como os ruins. É esse aprendizado que nos auxilia a dar um novo significado às coisas e a nós mesmos, mudando nossa autopercepção e nossa autorrepresentação, proporcionando um autogerenciamento mais profundo. Tudo isso contribui para um maior autoconhecimento que está intimamente ligado a um maior autocuidado.

Partindo desse contato maior com o "eu" e por meio da prática da compaixão, podemos adquirir uma consciência social mais abrangente. No caso do professor na sala de aula, modificar o olhar, observar os alunos sob uma perspectiva diferente, estar mais atento em sala, no momento presente e nas necessidades dos alunos. A escuta atenta e a compaixão são fundamentais para desenvolver uma postura empática em sala de aula e, com isso, estar mais próximo dos alunos, melhorando as relações sociais daquele contexto e tomando decisões mais conscientes.

O autoconhecimento potencializado pelo desenvolvimento do traço de mindfulness faz parte do que é comumente chamado de aprendizado socioemocional, ou desenvolvimento das competências socioemocionais, que nada mais é do que trabalhar intencionalmente as habilidades pró-sociais e emocionais, possibilitando uma maior autoconsciência e uma maior consciência do outro. A prática do mindfulness, além de favorecer a conexão entre as áreas cerebrais, contribui para a conexão entre as pessoas, como apontam estudos que investigam a empatia, a compaixão e o comportamento pró-social.

Aprendizado socioemocional

Ao abordarmos competências socioemocionais, não podemos deixar de falar sobre o Collaborative for Academic, Social, and Emotional Learning (CASEL), uma organização internacional sediada em Chicago, nos Estados Unidos. Fundado em 1994, o Casel tem o objetivo de estabelecer e promover a aprendizagem socioemocional (SEL, ou *social and emotional learning*) de alta qualidade e baseada em evidências como parte essencial da educação. As competências propostas pelo Casel[1] são as apresentadas a seguir.

- **Autoconsciência (*self-awareness*):** identificação das emoções, maior autopercepção, reconhecimento de pontos fortes (qualidades), autoconfiança, autoeficácia.

- **Autogerenciamento (*self-management*):** controle dos impulsos, controle do estresse, autodisciplina, automotivação, estabelecimento de metas, habilidades organizacionais.

---

[1] Disponível em: https://casel.org/core-competencies/. Acesso em: 25 jul. 2019.

- **Consciência social** (*social awareness*): olhar pela perspectiva do outro, empatia, apreciação da diversidade, respeito pelo outro.

- **Habilidades de relacionamento** (*relationship skills*): comunicação, protagonismo social, construção de relacionamentos, trabalho em equipe.

- **Tomada de decisão responsável** (*responsible decision-making*): identificação de problemas, análise de situações, solução de problemas, avaliação, reflexão, responsabilidade ética.

Uma educação integral na realidade brasileira

O grande desafio do educador do século XXI não é apenas passar para o aluno conteúdos relativos às disciplinas tradicionais, como as ciências naturais, as ciências humanas, os idiomas; é preparar esse aluno para exercer um papel como protagonista na sociedade. O autoconhecimento e as habilidades sociais têm o mesmo valor que resolver uma operação matemática ou fazer uma boa redação.

No Brasil, a Base Nacional Comum Curricular (BNCC) define o essencial que todos os alunos devem desenvolver ao longo da educação básica, de modo que tenham assegurados seus direitos de aprendizagem e desenvolvimento, uma continuidade dos Parâmetros Curriculares Nacionais (PNCs). Além disso, na Lei de Diretrizes e Bases da Educação Nacional (LDB, Lei nº 9.394/1996), encontramos que o ensino deve ser "orientado pelos princípios éticos, políticos e estéticos que visam à formação humana integral e à construção de uma sociedade justa, democrática e inclusiva".

A BNCC segue as premissas da Organização das Nações Unidas para a Educação, a Ciência e a Cultura (Unesco) estabelecidas em três momentos na história: na Declaração Mundial sobre Educação Para Todos (garantia de acesso e equidade em educação), o Compromisso de Dakar e o Relatório Delors. O aprendizado socioemocional é destacado pela Unesco como competências essenciais à vida, e seus quatro pilares são:

- aprender a aprender;
- aprender a fazer;
- aprender a conviver;
- aprender a ser.

A escola sempre foi fundamental para o desenvolvimento psicossocial, pois, além do núcleo familiar ao qual a criança pertence, o primeiro contato com o mundo e com a sociedade é a escola. Nesse local, a criança deverá aprender sobre ela e sobre o outro. Lá, os educadores, sem dar o nome de aprendizado socioemocional, já costumam trabalhá-los em atividades lúdicas próprias para cada faixa etária e em resolução de conflitos entre os alunos.

O Brasil é um país de diversidades e de desigualdades, tanto geográficas como socioculturais. É exigido do educador suprir as necessidades de seus alunos nas mais diversas situações, muitas vezes sem a infraestrutura física e familiar necessária para o desenvolvimento da criança e do adolescente. Quando um professor entende melhor o funcionamento de seu cérebro e do cérebro de seu aluno, juntos eles podem criar estratégias para o aprendizado e construir o conhecimento, além de desenvolver o autoconhecimento.

O autoconhecimento e o autogerenciamento emocional são prerrequisitos para uma tomada de decisão responsável, e a tomada de decisão mais consciente, somada à empatia, constitui prerrequisito para uma consciência social. Apesar de aparente hierarquia entre as competências socioemocionais, elas interagem entre si de forma circular e multidirecional para um desenvolvimento pleno. E esse desenvolvimento pleno é um direito de todos os seres humanos.

Bons exemplos para perspectivas futuras

Na Europa, essa preocupação crescente com a reinvenção da educação no intuito de que seja integral vem sendo estudada e aplicada pelas Escolas Promotoras de Saúde (EPS ou HPE, de Health Promoting Schools in Europe). Trata-se de um movimento emergente cujo foco é o modo como os jovens são educados e encorajados a viver. As escolas promotoras de saúde partem do princípio de que o ambiente escolar deve ser acolhedor e voltado ao aprendizado e ao crescimento saudável, promovendo não apenas a saúde como o desenvolvimento sustentável. Assim, essas escolas, que serão mais bem explicadas no capítulo 16 (ver página 227), têm como principais objetivos os apresentados a seguir.

- → Estabelecer uma visão mais abrangente do que é saúde.
- → Dar aos estudantes as ferramentas que os habilitem a tomar decisões saudáveis.
- → Promover um ambiente saudável com o engajamento de estudantes, professores e pais, usando métodos de ensino interativos, construindo uma melhor comunicação e criando parceiros e aliados na comunidade.
- → Fazer com que todos da comunidade escolar (alunos, pais, responsáveis, professores e outros colaboradores) compreendam o real valor da saúde (física, psicossocial

e ambiental) no presente e no futuro e o modo de promovê-la para o bem-estar coletivo.

- → Realizar oficinas de teoria e prática de humanidade e democracia, a fim de obter o máximo de efetividade possível e duradoura.

- → Capacitar os alunos para a ação – individual e coletivamente –, a fim de promover condições de vida mais saudáveis, em nível tanto local como global.

- → Tomar decisões mais saudáveis para todos os membros da comunidade.

- → Capacitar as pessoas para lidarem com elas mesmas e com os outros de forma positiva e facilitar um comportamento saudável por meio de políticas.

No Brasil, ainda estamos no início desse movimento se o compararmos com o de outros países, mas é sempre importante lembrar que para tudo sempre há um início; os primeiros passos, que são essenciais. Quando começamos a olhar para a saúde do professor, para seus problemas e desafios, porém também para sua paixão por ensinar, é necessário criar oportunidades e dar a eles ferramentas para serem os protagonistas de sua saúde.

Evidências científicas nos mostram os benefícios das práticas contemplativas para a promoção de saúde, bem-estar, resiliência e autoconhecimento. A medicina do estilo de vida ganha espaço. Considerando os desafios da profissão docente, dar acesso a esses profissionais a ferramentas que possibilitam um maior autocuidado é de extrema importância. Professores com uma maior qualidade de vida podem ensinar melhor, inspirar seus alunos de forma positiva e tomar decisões mais conscientes. As habilidades socioemocionais do professor se refletem em seus alunos, e assim a diferença pode ser feita.

A obra de Paulo Freire é internacionalmente reconhecida, especialmente quanto ao trabalho sobre a alfabetização de jovens e adultos, contando com traduções que vão do inglês ao hebraico e milhares de livros vendidos. Neste capítulo, trataremos de algumas questões levantadas por Paulo Freire que podem dialogar com aspectos da prática de mindfulness.

CAPÍTULO 4

Mindfulness e Paulo Freire: possíveis interlocuções

Colaboração: *Diogo Pereira Matos*[*]

> Ensinar exige a convicção de que a mudança é possível.
>
> Paulo Freire, pedagogo brasileiro, século XX

---

[*] Diogo Pereira Matos possui graduação em pedagogia. É especialista em gestão educacional integrada e mestre em educação pela UFSJ.

Curiosidade e criticidade

Para Paulo Freire (1996, p. 34), "ensinar exige criticidade". E, nessa perspectiva, a curiosidade ingênua, sem deixar de ser curiosidade, se criticiza. A curiosidade como "desvelamento de algo", "como procura de esclarecimento, como sinal de atenção que sugere alerta faz parte integrante do fenômeno vital".

Dois campos são tocados, em conjunto, na visão freireana: curiosidade e criticidade.

Mindfulness pode ser definido como um "estado ou traço que se refere à capacidade de estar atento ao que acontece no presente, com abertura e aceitação" (CEBOLLA; DEMARZO, 2016, p. 20).

Para Jennings (2015, p. 60), todos nós temos um arquivo armazenado de memórias emocionais que influenciam a maneira como pensamos, sentimos e nos comportamos, os chamados "roteiros" ou "respostas condicionadas".

Mindfulness pode promover o incremento de duas habilidades fundamentais no que se relaciona aos roteiros. Com sua prática regular, é possível cultivar o:

- **descentramento:** a capacidade de se relacionar com pensamentos e emoções de modo desapegado, como mero observador (DEMARZO; CAMPAYO, 2015, p. 174), sem a identificação imediata com os roteiros pessoais;

- **reconhecimento do padrão emocional:** atitude que possibilita reconhecer emoções próprias e de colegas e, então, responder mais conscientemente às situações desafiadoras, em vez de tão somente reagir automaticamente diante delas (JENNINGS, 2015, p. 63, grifos nossos).

No processo da prática de mindfulness, compreende-se, com Kabat-Zinn (2005, p. 47, tradução nossa), que "podemos aprender a trabalhar com as grandes forças de nossas vidas, a percebê-las, fazer escolhas críticas e crescer em sabedoria e compaixão".

Nessa perspectiva, abandona-se o mero reagir frente aos acontecimentos, passando-se a dar respostas conscientes, refletidas, atentas. Talvez aí possa haver uma aproximação com o ideário freiriano de que é possível uma educação em que se permita ao indivíduo a indispensável organização reflexiva de seu pensamento, na qual se lhe coloquem à disposição meios com os quais seja capaz de "superar a captação mágica ou ingênua de sua realidade, por uma dominantemente crítica" (FREIRE, 1980, p. 106).

A aceitação do novo

A postura crítica e consciente no âmbito da educação pressupõe o que Paulo Freire (1996, p. 39) chama de aceitação do novo, o qual "não pode ser negado ou acolhido só porque é novo". O velho cuja validade seja reiterada mediante criteriosa análise também continua novo. A questão aqui passa pela observação isenta das (pré)concepções a respeito da prática docente, que merece ser revisitada de momento a momento.

Muito embora caiamos nessa armadilha de considerar nossos pontos de vista e modos de atuar como os melhores e nos fechemos ao novo, na realidade, as mudanças são parte inevitável da vida e, por conseguinte, da atividade profissional de cada pessoa. Mudanças sociais, políticas e econômicas tomam lugar invariavelmente, quer queiramos, quer não. Essa instabilidade se reflete também no contexto educacional: a forma de atuar – seja dos gestores da instituição escolar, seja dos docentes e dos próprios alunos – deve ser questionada e revisada constantemente, a fim de que se percebam quais práticas de fato são as mais efetivas para a produção democrática e conjunta do conhecimento, para cada momento histórico.

Demarzo e Campayo (2015, p. 37) apontam que, em mindfulness, cultiva-se a "mente de principiante", na qual somos "capazes de experimentar cada nova situação ou relação interpessoal como se fosse a primeira vez que a vivemos, ou seja, livres da lembrança de nossos estereótipos e preconceitos", estando "abertos e curiosos em relação a tudo". Com a prática da consciência plena, busca-se, dessa forma, observar cada situação na sua inteireza, com abertura e olhar curioso frente ao que ocorre, sem prejulgamentos. Para o âmbito educacional, isso se torna fundamentalmente relevante.

Lendo o mundo

A prática de mindfulness pode promover o florescimento de um profundo senso de cuidado: do indivíduo consigo mesmo e também com as pessoas à sua volta. "Passamos a nos sentir parte do todo e, portanto, responsáveis por um mundo melhor e por tornar seus habitantes mais felizes", como proposto por Demarzo e Campayo, (2015, p. 212), sendo isso o que eles denominam "inter-ser" (*ibid.*, p. 39). No processo educacional, não estamos alijados do mundo. Ao contrário, família, alunos, professores e gestores estão conectados na teia social e são corresponsáveis por uma escola efetivamente democrática.

Tratando de modo específico sobre o letramento e a linguagem, Paulo Freire afirma:

> A leitura do mundo precede a leitura da palavra, daí que a posterior leitura desta não possa prescindir da continuidade da leitura daquele. Linguagem e realidade se

> *prendem dinamicamente. A compreensão do texto a ser alcançada por sua leitura crítica implica a percepção das relações entre texto e o contexto.* (FREIRE, 2011, pp. 19-20)

Freire, no texto "A importância do ato de ler" (2011), remonta à sua infância para descrever esse processo de "ler o mundo", em que os "textos", as "palavras", as "letras" daquele contexto se encarnavam no canto dos pássaros, na dança das copas das árvores, nas águas da chuva brincando de geografia, no assobio do vento, nas nuvens do céu, na cor das folhagens, no cheiro das flores... Nessa forma poética de retratar seu mundo, Freire se aproxima da ideia de "interser", de ser com tudo o que existe.

Reconhecendo a dialogicidade

Freire (2014) também expõe que a dialogicidade constitui a essência da educação como prática de liberdade. Quando se adentra no diálogo como fenômeno humano, revela-se o que vem a ser o próprio diálogo: a palavra. Nela, há duas dimensões constitutivas: a ação e a reflexão, "de tal forma solidárias, em uma interação tão radical que, sacrificada, ainda que em parte, uma delas, se ressente, imediatamente, a outra. Não há palavra verdadeira que não seja práxis" (FREIRE, 2014, p. 107).

A palavra, na teoria freireana, teria, pois, o condão de transformar o mundo, pela ação-reflexão.

O diálogo consiste na relação horizontal de educador e educando, que se nutre do amor, da humildade, da esperança de um no outro, a fim de que se façam críticos, em uma conexão de simpatia entre ambos. Só aí há comunicação, elucida Freire (1980).

O antidiálogo baseia-se em uma relação vertical de educador sobre educando, porquanto é desamoroso, acrítico (não gera criticidade, exatamente porque desamoroso); não é humilde; é desesperançoso, arrogante. Consequentemente, o antidiálogo rompe a relação de simpatia. Nele não se comunicam, fazem-se comunicados (FREIRE, 1980).

Na obra *Trabalho: a arte de viver e trabalhar em plena consciência*, Thich Nhat Hanh expõe:

> O discurso amoroso significa falar com amor, compaixão e compreensão. Tentamos evitar palavras que culpem, ou critiquem. Tentamos não falar com julgamento, amargura ou raiva, pois sabemos que falar dessa maneira pode causar muito sofrimento. Falamos com calma, com compreensão, usando apenas palavras que inspirem confiança, alegria e esperança naqueles ao nosso redor. (HANH, 2017, p. 68)

Freire (1996, p. 127) enfatiza que "ensinar exige saber escutar". Em mindfulness, o falar compassivo não se separa do escutar em profundidade. Para Hanh (2017, p. 70), essa escuta profunda "consiste em escutar com compaixão", pois há o reconhecimento de que, ao escutar dessa forma, está-se dando "a alguém a chance de se expressar e de sentir-se compreendido".

Por uma humanização no processo educativo

Tratando de modo específico da relação educador-educando, Freire denuncia o que vem a ser a concepção "bancária" da educação, como instrumento de opressão (FREIRE, 2014). Nela, o professor aparece com a tarefa de "encher" os educandos dos conteúdos de sua narração, retalhos da realidade desconectados da totalidade em que se engendram. O educador, nesse caso, faz comunicados e depósitos que os educandos apenas recebem, memorizam, arquivam e repetem, em uma postura passiva e alienante. O educador se coloca como aquele que sabe; os educandos, como aqueles que não sabem, tendo alijada a possibilidade de desenvolvimento de uma consciência crítica da qual resultaria sua inserção no mundo como sujeitos que o transformam.

Em oposição à concepção bancária da educação, nasce a concepção problematizadora e libertadora da educação, na qual o educador não se volta à mera doação/entrega do saber, mas, diversamente, baseia-se em uma profunda crença nos seres humanos; na humanização de educador e de educando, de forma que se façam ambos, simultaneamente, educadores e educandos. Para Freire (2014, p. 95), "ninguém educa ninguém, ninguém educa a si mesmo, os homens se educam entre si, mediatizados pelo mundo".

As questões ligadas à concepção problematizadora e libertadora da educação freireana estão diretamente relacionadas ao respeito, à acolhida, à humanização, à esperança, ao amor e ao querer bem aos alunos, e mostram-se fundamentais ao contexto educacional.

Alvear (2016) discute algumas conexões entre a prática de mindfulness e o desenvolvimento de emoções ditas positivas, apontando estudos que sugerem essa inter-relação. A aplicação das técnicas de mindfulness poderia prover, segundo ele, um alto nível de bem-estar subjetivo.

Demarzo e Campayo apresentam dois elementos-chave da compaixão: a sensibilidade ao sofrimento dos outros e de si mesmo; o compromisso de aliviar esse sofrimento.

> O interesse que a compaixão desperta no mundo científico e no mundo da saúde provém, em grande parte, de que a atitude compassiva é algo extraordinariamente benéfico ao ser humano, tanto para a saúde mental como seu bem-estar fisiológico [...] Além de recuperar ou manter a saúde individual, as atitudes compassivas também têm importantes repercussões sociais [...] de reduzir a violência e de promover uma convivência amável e pacífica. (DEMARZO; CAMPAYO, 2015, p. 180)

Nesse sentido, o docente, por intermédio de uma prática regular de mindfulness, teria condições de estruturar a habilidade de ser mais efetivamente compassivo consigo mesmo e com seus alunos, para que se reconheçam, mais harmonicamente, como partícipes efetivos do processo ensino-aprendizagem.

Freire foi um educador que teve grande sensibilidade para o fato de que no mundo há sofrimento. Assume, portanto, o compromisso de fazer uma sociedade melhor para todos, na qual haja um viver bem, mais humano; seja para os mais desfavorecidos economicamente, seja para aqueles que, embora gozem de boas condições financeiras, sofrem mental e emocionalmente.

Esse talvez seja o ponto de maior confluência entre o pensamento freiriano e a proposta da vivência de mindfulness: a compreensão de que todos os seres sofrem e de que é possível amenizar tal sofrimento. Paulo Freire propunha uma transformação social pela ação-reflexão; mindfulness propicia uma profunda transformação interna, pessoal, que pode, por consequência, contribuir para uma mudança coletiva.

Promove-se o cuidado nas salas de aula? Constrói-se a não violência? Como estimular uma comunicação mais compassiva no meio educativo? Ao longo deste capítulo, procuraremos responder a essas questões.

CAPÍTULO 5

A compaixão e a comunicação não violenta na educação

Colaboração: *Marta Modrego-Alarcón* e Mayte Navarro-Gil***

> Se você quer que os outros sejam felizes,
> pratique a compaixão; e,
> se você mesmo quer ser feliz,
> pratique a compaixão.
>
> Dalai-Lama, monge e lama, líder espiritual
> do budismo tibetano, séculos XX-XXI

---

* Marta Modrego-Alarcón, psicóloga espanhola, é doutoranda na Facultad de Educación da Universidad de Zaragoza, na Espanha, no tema mindfulness e educação.
** Mayte Navarro-Gil é psicóloga, também espanhola, especialista em terapias de terceira geração. É doutora em mindfulness e compaixão pela Facultad de Medicina da Universidad de Zaragoza.

O sofrimento, a compaixão e seu papel na educação

Uma vez que o sofrimento é inerente à natureza humana, não surpreende que esteja presente nos centros educacionais, surgindo de múltiplas situações da vida pessoal, acadêmica e/ou profissional dos membros envolvidos. No entanto, os centros educacionais podem ser convertidos em locais de cuidado e de cura, lugares seguros. A incorporação da compaixão nas salas de aula trabalharia para alcançar esse objetivo.

A compaixão (do latim, *compati*, que significa "sofrer com") se define como o sentimento que surge ao presenciar o sofrimento do outro e que gera um desejo de ajudar. Essa definição envolve não apenas a compreensão desde o estado emocional como também a motivação para tentar aliviar o sofrimento na medida do possível.

A abrangência da compaixão tem implicações claras na educação. A compaixão pode ajudar a cultivar a amabilidade e as emoções positivas entre os alunos, entre professores e alunos, entre os membros da comunidade educacional, assim como reduzir os níveis de conflito e violência, propiciando um ambiente mais pacífico. Por outro lado, a compaixão também pode contribuir para a melhora da interconexão dos alunos com o mundo, aumentando sua senciência e a capacidade de resposta aos problemas atuais (políticos, sociais, ambientais, econômicos...) e formando cidadãos mais bondosos e socialmente comprometidos.

A violência, a não violência e os princípios da comunicação não violenta ou compassiva

A violência, compreendida como qualquer forma de maus-tratos ou abuso físico, verbal ou psicológico, é uma realidade muito comum nas salas de aula, que tem levado autoridades políticas e escolares a planejar e pôr em prática diversas estratégias para combatê-la, como programas antiviolência e capacitação de profissionais. No entanto, apesar dos esforços realizados, os resultados não foram como esperados, e a violência continua presente nesse entorno. A pergunta que fica no ar é: quais estratégias podem ser utilizadas para abordar de modo apropriado todas as formas de violência, inclusive aquelas tão complexas que não são claramente visíveis?

Nesse ponto, consideramos crítico ressaltar o significado de não violência. Baseando-nos nos escritos e ensinamentos de Gandhi, a não violência significa mais do que a ausência da violência. A não violência é o poder de transformação dos que creem na paz e a praticam. Reforçamos, portanto, a necessidade de pesquisar estratégias que nos ajudem a implementar a não violência nos meios educacionais. Nesse sentido, o método de comunicação conhecido como comunicação não violenta (NVC, ou *nonviolent communication*), ou comunicação compassiva, pode facilitar a compreensão de nós mesmos e dos demais; pode nos ajudar a definir um diálogo mais rico e respeitoso.

A NVC foi desenvolvida pelo psicólogo norte-americano Marshall Rosenberg nos anos 1960, com o fim de facilitar uma comunicação sincera e eficaz entre as pessoas. Esse autor se baseia no fato de que todos desejamos satisfazer nossas necessidades e para isso executamos ações, incluindo ações verbais. Uma vez que aprendemos culturalmente a expressar essas necessidades, podemos exercer padrões aprendidos e inadequados, que podem violentar aos demais.

Rosenberg (2005a) define quatro componentes ou princípios da comunicação não violenta: observação; exploração, identificação e expressão de nossos sentimentos; conexão dos sentimentos com as necessidades; realização clara de um pedido.

→ **Observação:** consiste em perceber a conduta e a situação específicas da pessoa com quem se fala e de si mesmo, sem realizar juízos de valor ou comparações, evitando todo tipo de linguajar classificativo que rotula e distorce a percepção do outro e de si mesmo.

→ **Exploração, identificação e expressão de nossos sentimentos:** requerem identificar o que sentimos, diferenciando-o daquilo que pensamos que somos. Rosenberg nos incentiva a expressar sentimentos de uma forma que não implique juízo, crítica, culpa ou estigma. Também nos incentiva a expandir nosso vocabulário sobre sentimentos, de modo que possamos expressar e entender suas nuances.

→ **Conexão dos sentimentos com as necessidades:** demanda vincular nossos próprios princípios com necessidades, valores ou expectativas que existem dentro de nós. Rosenberg parte da ideia de que, quando uma necessidade se satisfaz, são expressos sentimentos como a felicidade ou a tranquilidade; quando não se satisfazem, expressam-se sentimentos incômodos, como a frustração. Esse componente permite descrever que necessidades não estão satisfeitas e podem originar sentimentos que nos levam a ser violentos (verbal ou fisicamente). Entender que tanto nós como aqueles ao nosso redor temos necessidades pode ser o passo mais importante para aprender a viver de maneira empática.

- **Realização clara de um pedido:** permite expressar uma solicitação sobre nossas necessidades por meio de um linguajar claro, positivo e para ações específicas, o que faz com que uma petição não se confunda com uma exigência e que os demais possam responder a ela de forma compassiva.

Os componentes da comunicação não violenta se retroalimentam por meio da atenção plena ou mindfulness, que também se retroalimenta pela comunicação não violenta. Por um lado, o desenvolvimento da atenção permite um aumento da consciência sobre o momento presente, uma melhora das habilidades de observação sem julgamento e a criação de tempo e espaço para formular uma resposta. Por outro, o desenvolvimento da comunicação não violenta pode apoiar a atenção plena, diminuindo as explosões violentas que interferem na atitude de presença mental.

Podemos aplicar os quatro princípios da comunicação não violenta quando nos interiorizamos empaticamente e quando nos expressamos com honestidade.

- **Empatia:** interiorizar-se de coração, conectar-se com os outros; compartilhar as experiências de uma maneira enriquecedora. A empatia permite que nos coloquemos no lugar do outro; estejamos abertos e disponíveis ao que acontece com os outros. Isso também nos proporciona meios para sermos mais conscientes de nossas próprias necessidades e das dos demais em situações complexas e difíceis de manejar.

→ **Honestidade:** expressar-se de coração. A honestidade começa com a verdadeira compreensão de nós mesmos e de nossas necessidades, do que ocorre no momento presente.

Atualmente, a comunicação não violenta se aplica a uma grande variedade de situações difíceis que ocorrem nas prisões, em centros comunitários, nos locais de trabalho, em escolas e universidades.

A comunicação não violenta ou compassiva na educação

Diversos autores defendem a utilidade da comunicação não violenta na educação. Latini (2009) descreve as formas de NVC com referência aos ensinamentos que oferece. Por exemplo, em relação às necessidades, antes de começar o curso, o professor envia o plano de estudos a seus alunos, perguntando a eles se tal plano satisfaz suas necessidades de aprendizado e, em caso negativo, pergunta-lhes o que gostariam de mudar. Seu objetivo é expressar honestamente suas próprias necessidades, descobrir a necessidade dos alunos e fazer um pedido claro com base nelas. Rosenberg (2005a) também defende a realização das perguntas no começo do curso para determinar as necessidades dos estudantes.

A utilização de uma comunicação não violenta pelos professores pode contribuir para que as mensagens sejam recebidas pelos alunos de uma forma empática e compreensiva, e não em forma de ameaça ou de castigo, o que influencia positivamente seu estado de ânimo e sua conduta. Também fomenta o desenvolvimento do aprendizado cooperativo ou colaborativo, que favorece a coesão do grupo, o estabelecimento de debates e de negociações e a busca por soluções em conjunto. Tudo isso cria uma comunidade de aprendizagem interdependente desenhada para incentivar os estudantes a ajudar e a cuidar uns dos outros.

A comunicação não violenta se mostra como uma estratégia com grande potencial na educação, entretanto, apesar de seu uso, poucos estudos têm verificado seu impacto em alunos, pais e professores. Nesse sentido, sugere-se a continuação da pesquisa a respeito do tema, com o fim de se obterem dados mais sólidos que apoiem seu uso.

PARTE 2

O Programa de Promoção da Saúde Baseado em Mindfulness para Educadores

Neste capítulo, apresentaremos o Programa de Promoção da Saúde Baseado em Mindfulness para Educadores (MBHP-Educa). Começaremos pela história do programa; na sequência, detalharemos seu modelo. E, para finalizar, traremos algumas recomendações para o melhor aproveitamento das práticas (que serão descritas a partir do capítulo 8, ver página 117).

CAPÍTULO 6

Visão geral do MBHP-Educa

Colaboração: *José Carlos Fuscella*, Valéria Piassa Polizzi**, Odisséia Martins*** e David Wilson*****

> A vida é o que acontece enquanto
> você está ocupado fazendo outros planos.
>
> John Lennon, cantor e compositor inglês, século XX

---

* José Carlos Fuscella é professor de física do ensino médio e de curso pré-vestibular. Engenheiro civil pela Escola Politécnica da USP e psicólogo com especialização em mindfulness e saúde pela Unifesp. É coautor e instrutor do Programa MBHP-Educa.

** Valéria Piassa Polizzi é graduada em comunicação social pela Universidade Santa Cecília (Unisanta) e especialista em prática da criação literária pela Universidade Cruzeiro do Sul (UNICSUL). Possui especialização em mindfulness pela Unifesp e extensão *on-line* em mindful educator essentials da Mindful Schools, na Califórnia, Estados Unidos. É coautora e instrutora do Programa MBHP-Educa.

*** Odisséia Martins é farmacêutica-bioquímica pela Universidade do Oeste Paulista e especialista em manipulação magistral e qualidade pela Instituição Toledo de Ensino de Presidente Prudente. Possui formação em programação neurolinguística e em life & professional coaching. É também especialista em mindfulness pela Unifesp.

**** David Wilson é médico pela Escola Paulista de Medicina da Universidade Federal de São Paulo (EPM-Unifesp). Possui mestrado em genética molecular do comportamento pelo Instituto de Psiquiatria da Faculdade de Medicina da Universidade de São Paulo (FM-USP) e é doutorando em saúde coletiva pela EPM-Unifesp.

O programa de Promoção da Saúde Baseado em Mindfulness para Educadores (MBHP-Educa) foi desenvolvido por um grupo de educadores e pesquisadores do Centro Mente Aberta, da Unifesp, com base no Programa de Promoção da Saúde Baseado em Mindfulness (o já citado MBHP; ver página 44). As intervenções (ou MBIs) do programa estão ancoradas no conceito de promoção de saúde na escola (ver página 229) e no conceito de sala de aula pró-social, e algumas de suas práticas consistem em adaptações de programas como CARE for Teachers, TREVA e MBCT (ver página 44), com base no MBHP.

Presencialmente – em geral, com um facilitador –, o protocolo MBHP-Educa pode ser realizado em três dias consecutivos: oito sessões de 120 minutos cada ao longo desses três dias, totalizando 16 horas. Ou, então, é possível realizar uma sessão semanal, de 120 minutos, durante oito semanas.

Com este livro, o protocolo pode ser vivenciado de maneira autoinstrucional, com o apoio dos capítulos 7 a 14. Recomendamos que cada capítulo e suas práticas sejam lidos e realizados ao longo de uma semana, totalizando as oito semanas.

O conteúdo do programa está dividido em três componentes, apresentados no quadro 6.1: habilidades socioemocionais (aproximadamente 40% do total), práticas de mindfulness (também cerca de 40%) e práticas de compaixão (cerca de 20% do total).

Quadro 6.1 – Sessões e componentes do MBHP-Educa.

CONTEÚDO DO MBHP-EDUCA	Habilidades socioemocionais	Práticas de mindfulness	Práticas de compaixão
1. Conhecer-te a ti mesmo	Definindo uma intenção. Atividade "Estabelecendo uma intenção". Atenção plena no corpo e na respiração.	Prática da uva-passa. Prática da atenção plena no corpo e na respiração.	
2. A arte de lidar com o estresse	Aprendendo a relaxar. Reconhecendo os pensamentos. Atividade "Oi, obrigado e tchau". Conhecendo o estresse e seus gatilhos.	Prática do escaneamento corporal com relaxamento progressivo. Prática da respiração.	
3. Cultivando o caminhar e o caminho	Autoconsciência e autopercepção. Escapando do funil. Atividade "Dia a dia revigorante e desgastante".	Prática da caminhada com atenção plena. Prática da sensação desprazerosa e prazerosa. Prática dos três passos.	
4. Além dos muros da escola	Consciência corporal. A realidade como ela é. Atividade "Roteiros".	Prática do movimento atento. Prática de sons e pensamentos.	
5. Fazendo as pazes com as emoções	Lidando com as emoções. Evitando o limiar da raiva. Atividade "Três passos em pares". Atividade "Perfil da raiva". "Conhecendo a superpotência da raiva". Atividade "O que aciona você".	Prática da respiração, sensações, sons e pensamentos. Prática dos três passos.	

(cont.)

CONTEÚDO DO MBHP-EDUCA	Habilidades socioemocionais	Práticas de mindfulness	Práticas de compaixão
6. Comunicação compassiva	A potência da fala. Atividade "Reconhecendo a potência da fala". Escuta atenta e fala compassiva. Compaixão.		Prática da comunicação compassiva. Prática da compaixão – bondade amorosa.
7. Cultivando o silêncio	A prática do silêncio.	Prática do escaneamento corporal com relaxamento progressivo. Prática da sensação desprazerosa e prazerosa. Prática do movimento atento. Prática da respiração, sensações, sons e pensamentos.	Prática da comunicação compassiva. Prática da compaixão – bondade amorosa.
8. O despertar da consciência	Mindfulness para a vida. Árvore do aprendizado. Atividade "Árvore do aprendizado". Atividade "Fazendo amizade com você mesmo". Gratidão.	Prática da gratidão.	Prática da autocompaixão.

Modelo teórico

A educação do século XXI tem como objetivo central o cultivo das habilidades socioemocionais e atencionais e a promoção da saúde no ambiente escolar. Com base nessa premissa e de acordo com pesquisas em neurociência, ciências cognitivas, educação e ciências das práticas contemplativas, o programa MBHP-Educa foi desenvolvido.

O programa inclui habilidades autorregulatórias que se associam a emoções e atenção, autogerenciamento e comportamentos pró-sociais, como empatia e compaixão. Inúmeras pesquisas demonstram que o cultivo de habilidades socioemocionais fornece suporte para o comportamento pró-social, para a redução do estresse e para o sucesso profissional. Da mesma forma, as MBIs apresentam resultados semelhantes em relação à regulação emocional, que pode ser cultivada por meio da prática de mindfulness. A prática de mindfulness promove mudanças nos processos cognitivos e emocionais e no componente atencional, o que melhora o comportamento pró-social, como empatia e compaixão, além de contribuir para o gerenciamento do estresse. Por esse motivo, muitos educadores, gestores e estudantes podem se beneficiar das MBIs.

O programa MBHP-Educa é considerado um Programa Baseado em Mindfulness (MBP), como os já citados MBSR, MBCT e MBHP (ver páginas 43-44), por apresentar os seguintes elementos essenciais:

- → é constituído por teorias e práticas inspiradas em práticas contemplativas, neurociência, psicologia e educação;
- → é sustentando por um modelo baseado em vivência que aborda questões relacionadas ao dia a dia no contexto escolar;
- → apresenta como foco a vivência da experiência no momento presente, que promove o descentramento e o reconhecimento do padrão emocional;
- → promove o comportamento pró-social e a autorregulação de componentes emocionais e atencionais;
- → o processo de aprendizado é experiencial, envolvendo dinâmicas e práticas de mindfulness e compaixão.

Com isso, o programa MBHP-Educa segue os elementos essenciais propostos por Crane *et al.* (2017).

De acordo com esses elementos, foi proposto o modelo teórico do programa MBHP-Educa. Por esse modelo, a melhora da qualidade de vida do professor, o aumento do nível de mindfulness e a autorregulação emocional e atencional promoveriam relações mais saudáveis entre o docente e seus alunos, bem como favoreceriam o processo ensino-aprendizagem e a memória, o que promoveria o cultivo de um clima mais saudável em sala de aula. A mudança no clima da sala afetaria o ambiente escolar como um todo, incluindo outros professores, diretores, supervisores e demais estudantes, os quais se tornariam mais pró-sociais e aprimorariam as habilidades socioemocionais e relacionais. Essa mudança na expressão do comportamento se estenderia à comunidade, atingindo o ambiente familiar. Assim, a escola funcionaria como uma ferramenta para a promoção de saúde de acordo com o conceito de Escolas Promotoras de Saúde (ver página 229), contribuindo para uma educação mais integral.

O primeiro componente do programa envolve as habilidades socioemocionais. Para desenvolvê-las, o programa introduz elementos didáticos combinados a atividades experienciais, como discussão e reflexão de temas propostos. As atividades introduzidas no programa são a "Oi, obrigado e tchau" (proveniente do programa MBHP), a "Dia a dia revigorante e desgastante" (adaptada do programa MBCT); a "Roteiros" (adaptada do programa CARE for Teachers), a atividade "O que aciona você?" (adaptada do programa CARE for Teachers) e a "Reconhecendo a potência da fala" (também adaptada do programa CARE for Teachers). As outras atividades destinadas aos participantes são "Estabelecendo uma intenção", "Três passos em pares", "Árvore do aprendizado" e "Fazendo amizade com você mesmo".

Ao praticar essas atividades ao longo das oito sessões, os educadores aprendem a compreender, reconhecer e promover a autoconsciência emocional, encaminhando mais produtivamente as emoções e promovendo um autogerenciamento mais refinado delas. Além disso, esses educadores aprimoram o comportamento pró-social, desenvolvendo uma maior capacidade de adotar a perspectiva do outro e ouvi-lo, o que aperfeiçoa a capacidade de analisar e compreender relacionamentos em geral. De acordo com a literatura, educadores que aprimoram as habilidades socioemocionais se tornam mais resilientes e habilidosos no autogerenciamento do estresse e no controle de impulsos. É importante ressaltar que o refinamento das habilidades socioemocionais afeta diretamente o clima de sala de aula, e estudantes e educadores se tornam menos reativos às contrariedades do dia a dia.

Como segundo componente, temos o treino da atenção por meio da prática de mindfulness. Como já destacamos anteriormente, segundo Jon Kabat-Zinn (2013), o criador do programa MBSR, mindfulness é a consciência que emerge quando prestamos atenção deliberada no momento presente, sem julgar o desdobramento da experiência momento a momento.

O aprimoramento da atenção e a consciência não julgadora, caracterizada por curiosidade, abertura e aceitação, relacionam-se com a flexibilidade cognitiva, o descentramento (*decentering*), a autoconsciência (*self-awareness*) e a autorregulação (*self-regulation*). Assim, a prática de mindfulness promove *insights*, reflexão e concentração.

O conjunto de práticas do MBHP-Educa traz uma variedade inspirada em outros programas de mindfulness, a saber: a prática da uva-passa (adaptada do MBSR), a prática da atenção plena no corpo e na respiração (adaptada do MBCT), a do escaneamento corporal com relaxamento progressivo (criada pelos autores do MBHP-Educa), a da respiração (proveniente do programa MBHP), a da caminhada com atenção plena (adaptada do MBHP), a prática dos três passos (adaptada do programa MBCT), a prática da sensação desprazerosa e prazerosa (também adaptada do MBCT), a prática do movimento atento (adaptada do MBHP), a prática da respiração, sensações, sons e pensamentos[1] (proveniente do MBHP). Há ainda a prática dos três passos e a prática da gratidão. Por meio dessas práticas, os educadores desenvolvem a autorregulação da atenção e a consciência metacognitiva, que podem ter influência no clima da sala de aula.

Como terceiro componente, temos a prática de compaixão. De acordo com Dalai-Lama (2002), a compaixão ou bondade amorosa é definida como desejar felicidade a si mesmo e aos outros. Ela tem como foco gerar sentimentos de afetos para si e para com o outro, que levam à sensação de bem-estar e aquietação. É possível aprimorar habilidades pró-sociais como empatia. Muitos estudos têm sugerido que a prática regular da compaixão aumenta os afetos positivos, diminui os sintomas de depressão e promove bem-estar. Nesse contexto, o MBHP-Educa traz a prática da comunicação compassiva (criada pelos autores do programa), a prática da autocompaixão (proveniente do programa MBHP) e a prática da compaixão-bondade amorosa (também do MBHP). Essas práticas auxiliam o educador a promover uma escuta atenta e a fala compassiva, a desenvolver empatia e sensibilidade em relação aos sentimentos do outro e a aprimorar os relacionamentos em situações conflitivas, tornando o ambiente harmonioso e assertivo. Assim,

---

[1] A prática de respiração, sensações, sons e pensamentos (ver página 169) também surge, no programa que apresentamos neste livro, como prática de sons e pensamentos, apenas (ver página 160). Essencialmente, as duas consistem na mesma prática: prática da respiração, sensações, sons e pensamentos. A ocorrência dessa prática em duas sessões distintas do programa, com nomes diferentes (e também pequenas diferenças no texto), expressa a ideia de progressão do participante; um aprofundamento do participante, dentro da prática, de uma sessão para a outra.

o educador aprende a responder às demandas da sala de aula com um nível diminuído de estresse e com menos ansiedade.

O MBHP-Educa não inclui um dia intensivo de práticas (retiro); em vez disso, como informamos anteriormente, prevê duas horas de práticas em silêncio. A substituição de um dia intensivo de práticas por apenas 120 minutos tem o objetivo de facilitar a implementação nas escolas.

Um clima de sala de aula saudável contribui diretamente para o desenvolvimento das competências emocionais dos estudantes, favorecendo a expressão do comportamento pró-social. Reforça o prazer de ensinar, o compromisso com a profissão, a escuta mindful, a compreensão da natureza da mente, a consciência emocional e a comunicação compassiva. Por fim, e não menos importante, promove-se a regulação da atenção e da consciência emocional e corporal. Os professores tornam-se mais empáticos e resilientes. Em linhas gerais, favorece a promoção de saúde na sala de aula por meio do cultivo de mindfulness. Dessa forma, a escola se torna uma escola promotora de saúde.

Orientações

Os capítulos 7 a 14 trazem preciosos ensinamentos de mindfulness distribuídos ao longo das oito sessões do MBHP-Educa. Na primeira metade do programa, você aprende a trazer sua atenção para o corpo e o ambiente. Também aprende uma importante ferramenta para levar a prática meditativa a seu dia a dia (a prática dos três passos). É possível utilizá-la antes de entrar na sala de aula, antes de uma reunião e até mesmo nas pequenas pausas durante a aula. Consideramos essa prática uma das mais importantes para aliviar o estresse e recuperar o controle da vida. Ela ajuda a consolidar as demais práticas aprendidas nas outras sessões e a reorientar a mente. As principais habilidades cultivadas são a autoconsciência, o autogerenciamento e a tomada de decisão responsável.

As quatro sessões restantes do programa oferecem meios de desfazer padrões cognitivos desadaptativos (como a ruminação), explorando a dinâmica da percepção, da emoção e da cognição (em particular interesse, dos pensamentos) e promovendo a geração de *insights* sobre o próprio eu, o outro e o mundo. A proposta aqui é aprofundar o autoquestionamento (*self-inquiry*), definido como o processo de investigar a dinâmica e a natureza da mente durante a experiência. Nesse momento, podemos cultivar uma atitude de aceitação, compaixão, gratidão e empatia. E, desse cultivo, aprimoramos a consciência social e as habilidades de relacionamento. Assim, desenvolvem-se todas as habilidades pró-sociais que se refletem no clima em sala de aula.

Ao longo do programa, é importante lembrar as diferenças do modo fazer e do modo ser (ver página 48), para poder perceber o que acontece quando você realmente aprimora o traço de mindfulness – quando treinamos a habilidade de estar consciente no momento presente. A prática regular propicia o cultivo de hábitos mentais positivos, e a repetição dessa atividade induz a formação de conexões neurais, o que impacta as funções cognitivas complexas, como atenção, memória, tomada de decisão e gerenciamento do estresse e emoções. O áudio de cada uma pode ser acessado pelo QR Code apresentado na página que descreve a prática, ou pela digitação do código. No decorrer dos dias, você pode construir um diário de autocuidado das suas práticas diárias, conforme o modelo apresentado no Anexo 1 (ver página 239). É importante criar o hábito de registrar as práticas, pois essa medida auxilia no desenvolvimento das habilidades pró-sociais.

Caso não seja possível realizar as práticas todos os dias da semana (o que seria o ideal, pois a regularidade facilita a neuroplasticidade), pode praticá-las entre cinco ou seis dias por semana. O ideal é praticar por 30 minutos todos os dias ou mais. Por outro lado, nos primeiros dias ou sessões, caso sinta dificuldade, você pode começar com períodos mais curtos (de 5 a 10 minutos) e ir aumentando a duração.[2] Você pode introduzir gradativamente as práticas em seu dia a dia. Esse é um tempo reservado para você. No início, você não encontrará tempo, mas com a persistência verá que o tempo e a falta de tempo são relativos.

Além de encontrar o seu "tempo", é importante encontrar o seu "espaço". Encontre um local que seja confortável e mais silencioso no começo. Um aspecto-chave para a prática de mindfulness é a postura. Sugerimos a posição sentada.

Como regra geral, a postura não deve ser um impedimento para a prática de mindfulness; é possível adaptá-la às possibilidades de cada um, sem qualquer exigência especial. A recomendação é de que seja equilibrada, com o tronco um pouco mais erguido, e, ao mesmo tempo, cômoda e relaxada, sem forçar o corpo, podendo ocorrer pequenos ajustes durante o exercício caso necessários.

POSIÇÃO SENTADA

Para esta posição, a mais comum no dia a dia, escolha uma cadeira mais firme, de encosto reto e sem apoio para os braços (e não uma poltrona). Sente-se na ponta da cadeira (se for possível), mantenha

---

[2] Os áudios de apoio do livro são iniciados e finalizados com o som de um sino pin. O sino pin é um objeto constituído por um tubo metálico afixado em um suporte de madeira. Com um martelinho, também de madeira, bate-se no tubo para a produção do som. Cada áudio tem aproximadamente 8 minutos de duração. Conforme você for incorporando a prática a seu dia a dia e, gradativamente, aumentando sua duração, uma opção é programar no celular um sinal sonoro para encerrá-la, ao final de um tempo que você considerar adequado.

as costas eretas, o queixo alinhado e os pés apoiados no chão (com as pernas descruzadas). É possível descansar as palmas das mãos nas pernas. Caso queira, feche os olhos. Caso não, baixe o olhar para algo 1 metro à sua frente, mas sem focar a visão. A postura deve ser confortável: sem produzir incômodo durante o tempo de prática nem relaxamento em excesso que induza ao sono. Para que possa aproveitá-la ao máximo, a prática deve ser realizada quando a pessoa está acordada e atenta.

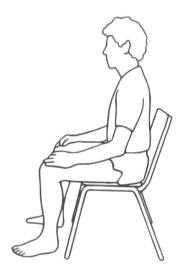

Figura 6.1 – Posição mais comum para o dia a dia: em cadeira sem braços. A postura deve ser confortável, mas sem produzir relaxamento em excesso.
Fonte: adaptada de Segal, Williams e Teasdale (2013).

Caso se sente em uma almofada no chão, escolha uma das duas posições apresentadas na figura 6.2 – mas apenas caso você tenha experiência em permanecer nessas posições. Chamamos essas posturas de posturas orientais típicas da ioga ou da meditação.

Figura 6.2 – Opções de posição sobre uma almofada no chão. À esquerda, de joelhos, com a almofada entre os pés. À direita, sobre a almofada, puxando um dos calcanhares para perto do corpo e flexionando a outra perna na frente dele.
Fonte: adaptada de Segal, Williams e Teasdale (2013).

POSIÇÃO DEITADA

Nesta posição, mantenha as pernas descruzadas; os pés, afastados um do outro; e os braços, ligeiramente afastados do corpo, para que possa abrir as mãos (mantenha a palma da mão voltada para cima). O pescoço deve estar em posição cômoda (é possível utilizar uma almofada).

Figura 6.3 – Posição deitada para meditação: pés afastados, braços também, para ser possível abrir as mãos e manter as palmas para cima.
Fonte: adaptada de Segal, Williams e Teasdale (2013).

RECOMENDAÇÕES COMPLEMENTARES

Se algo desviar sua atenção durante a prática, não há problema algum. Assim que possível, volte gentilmente sua atenção para a prática. Caso uma correnteza de pensamentos leve sua atenção, lembre-se de que não há problema algum. Observe seus pensamentos e gentilmente traga sua atenção para a respiração quantas vezes forem necessárias. Também é muito comum sentir um pouco de sonolência. Caso isso aconteça, você pode gentilmente fazer pequenos movimentos e, na sequência, trazer sua atenção novamente para a respiração.

No início, pode parecer impossível e que você nunca conseguirá. Como em qualquer atividade que esteja aprendendo, é natural sentir dificuldades no começo. Aos poucos, você compreenderá que seus pensamentos não são você e que são apenas um fluxo de informação que vem e vai em sua mente. Com o passar do tempo e a regularidade da prática, você perceberá que os padrões cognitivos desadaptativos (disfuncionais) perdem a força, sua mente se acalma e uma sensação de bem-estar toma conta. Você saberá canalizar produtivamente as emoções e gerenciar o estresse, bem como aprimorará habilidades pró-sociais. Você simplesmente aperfeiçoará a qualidade de sua atenção. Embora nem todos venham a adquirir essas habilidades com igual êxito, à medida que praticarem com regularidade, conseguirão se sentir melhor. E as redes neurais serão modificadas, como visto no capítulo 3 (ver página 55).

Desejamos a você atenção plena ao trilhar esse caminho!

Certa tarde, Ana – professora do 6º ano do ensino fundamental –, enquanto dirigia o carro voltando do trabalho para casa, estava refletindo sobre o início de sua manhã na escola. Havia gritado com um aluno enquanto explicava o conteúdo. Na sequência se chateara com a diretora da escola. Lembrou-se de uma discussão no estacionamento do shopping na hora do almoço. E da discussão com seu filho no café da manhã. Seus pensamentos saltitavam de um assunto para o outro. Depois, ela pensou na visita do supervisor da Secretaria da Educação na escola naquela tarde. Em seguida, pensou na fatura do cartão de crédito. Será que paguei? Na sequência, lembrou que precisava ir ao mercado fazer compras para o jantar. Lembrou também que tinha de abastecer o carro. Meu Deus, as notas! Lembrou-se de que precisava corrigir as provas. Sem se dar conta, já estava planejando as próximas férias, que iriam acontecer em seis meses.

"Mãe!", gritou o filho. "O jantar está pronto? Estou com fome."

Assustada, Ana percebeu que estava dentro de sua casa e que arrumava a mesa do jantar para sua família.

CAPÍTULO 7

Sessão 1. Conhecer-te a ti mesmo

Colaboração: *José Carlos Fuscella** e *Valéria Piassa Polizzi***

> Para se tornar hábil em alguma arte ou função,
> a pessoa precisa se devotar a aprender essa arte,
> a estudar para essa função [...], entretanto,
> todas as pessoas devem e podem se especializar
> em conhecer a si mesmas.
>
> Eihei Dōgen, mestre zen-budista japonês, século XIII

---

* José Carlos Fuscella é professor de física do ensino médio e de curso pré-vestibular. Engenheiro civil pela Escola Politécnica da USP e psicólogo com especialização em mindfulness e saúde pela Unifesp. É coautor e instrutor do Programa MBHP-Educa.
** Valéria Piassa Polizzi é graduada em comunicação social pela Universidade Santa Cecília (Unisanta) e especialista em prática da criação literária pela Universidade Cruzeiro do Sul (UNICSUL). Possui especialização em mindfulness pela Unifesp e extensão *on-line* em mindful educator essentials da Mindful Schools, Califórnia, Estados Unidos. É coautora e instrutora do Programa MBHP-Educa.

Definindo uma intenção

Ao acompanharmos a história de Ana, pode parecer que ela esteja "pilhada", estressada e com a memória ruim. Mas uma reflexão mais demorada sobre essa situação nos lembra que ela está apenas vivendo no piloto automático, ou seja, no modo fazer (ver página 48). Esse estado de agitação ilustra como a mente foi sequestrada pelas preocupações do dia a dia. Quando você está no piloto automático, sente-se estressado, frustrado, impaciente, irritado e esquecido. As relações interpessoais e profissionais tornam-se disfuncionais e afetam o bem-estar e a qualidade de vida.

Conforme explicam Williams e Penman (2011), com o passar dos anos, se você dá poder ao piloto automático, os hábitos vão cada vez mais desencadear pensamentos, os quais desencadeiam mais e mais pensamentos. Esses pensamentos, aliados a sensações negativas, podem intensificar suas emoções. E, sem que você se dê conta, o estresse, a ansiedade e a tristeza passam a dominar sua vida. O resultado é que os pensamentos e sentimentos indesejados tornam-se fortes demais para serem contidos. No caso da professora, um simples comentário do diretor da escola pode desencadear um acesso de raiva. Ela, sentindo-se exausta e furiosa, acaba respondendo de maneira agressiva. Nos instantes seguintes, sente-se culpada por perder o controle e é sugada por uma espiral negativa.

Quando você atinge o ponto em que o agente estressor se apodera da mente consciente, torna-se difícil reverter o processo. O que você precisa fazer é encontrar um meio de escapar do ciclo e aprender a identificar quando ele começar. Esse é o primeiro passo para "voltar-se para si mesmo" e aprender a lidar melhor com a vida. Para isso, você deve aprender a ver quando o piloto automático assume o controle e tomar consciência de que está sendo arrebatado por ele. Sócrates dizia: "Conhece-te a ti mesmo".

É o portal principal do aprendizado socioemocional: conhecer a própria mente e reconhecer o próprio corpo; tomar consciência de nossas emoções e de nossa reatividade no exato momento em que ocorrem. Tomar consciência (autoconsciência) pode ser uma atenção não reativa e não julgadora de nossos estados interiores. É necessário reaprender a conduzir a mente ao estado inato mindful – atento –, de modo que possa escolher onde quer que sua mente se concentre. O primeiro estágio para chegar ao estado mindful é resgatar nossa intenção.

Definir uma intenção que apoia as mudanças que você quer fazer em sua vida ajuda a estar mais consciente no dia a dia. Estabelecer uma intenção não é o mesmo que estabelecer um objetivo. Se você não alcança um objetivo, você se sente desapontado, como se tivesse falhado. Na verdade, ao estabelecer uma intenção você não assume que alcançará um ponto final, mas que está no caminho. Estabelecer uma intenção tem a ver com gentileza, autocompaixão e autoconsciência emocional. Colocar as emoções a serviço de uma intenção é essencial para centrar a atenção, para a automotivação e para a criatividade. Se você fosse Ana: por que você se tornou professora? Isso fará você lembrar por que é profissional da educação; o valor e a importância do ensino para a vida de seus alunos e para a sociedade em geral.

ATIVIDADE "ESTABELECENDO UMA INTENÇÃO"

Dedique alguns instantes concentrando sua atenção na intenção para o dia de hoje. Pegue uma folha, um lápis ou uma caneta e escreva sua intenção.

Repita essa atividade todos os dias durante uma semana. Veja o que você observa. Na semana seguinte, continue a repetir essa atividade.

Mensagem da atividade

A autoconsciência emocional – saber lidar com o estresse, conter a impulsividade, reconhecer as próprias emoções e compreender as causas dos sentimentos – está por trás de qualquer tipo de realização. Você pode verificar regularmente e se perguntar se suas ações estão alinhadas com sua intenção. Caso não estejam, você pode voltar para o caminho desejado com uma atitude não julgadora. E, a cada dia de sua vida, você pode definir uma intenção – uma oportunidade para dar sentido a seu trabalho. Esse é o primeiro passo para resgatar sua intenção.

PRÁTICA DA UVA-PASSA

Este exercício é mais bem aproveitado quando reservamos alguns minutos a ele (de 5 a 10 minutos). Recomendamos a uva-passa, entretanto, caso prefira, pode ser feita com qualquer outro alimento.

Separando duas uvas-passas nas mãos, realize a sequência apresentada a seguir.

Primeiro passo

Simplesmente coma a uva-passa da maneira usual/habitual.

Segundo passo

1. **Tato:** pegue a segunda passa e a observe na palma da mão. Preste atenção nela, sinta-a como se fosse uma completa novidade, "algo de outro planeta", ou como um objeto com o qual uma criança entra em contato pela primeira vez. Percebe o contato dela com a pele? Nota seu peso?

Experimente mover a uva-passa por entre os dedos, na palma da mão, no dorso, sentindo sua textura e sua consistência. Ela desperta sua atenção? De quais maneiras?

2. **Visão:** olhando atentamente para o objeto, examine-o com cuidado e atenção plena. Veja se há pontos que refletem a luz, notando suas reentrâncias e cavidades.

3. **Audição:** agora vamos aproximá-lo da orelha direita, apertando-o levemente, explorando a presença ou não de algum som. Em seguida, repita a experiência na orelha esquerda.

4. **Olfato:** traga-o para perto do nariz e perceba se há algum cheiro, em cada narina, a cada inspiração. Qual aroma? Deixe-o penetrar em sua consciência. Caso não haja aroma, isso também pode ser notado.

5. **Paladar:** leve-o lentamente até a boca, prestando atenção a cada movimento. Perceba como sua mão sabe exatamente aonde ir. Encoste-o nos lábios e deslize-o por toda a extensão labial. Permaneça assim por um tempo. Quais sensações emergem? Ao colocar a uva-passa na boca, observe o que acontece com sua língua. Há alguma salivação, alguma sensação? Ainda sem mastigar, é possível perceber as sensações que ocorrem na língua. Explore-as. Em seguida, dê uma primeira mordida e entre em contato com as sensações. Observe os sabores que são liberados, sentindo a textura à medida que você mastiga devagar, adiando um pouco o reflexo de engolir e notando o que acontece. Ao fazê-lo, é possível detectar o impulso inicial. Na sequência, experimente engolir atentamente, notando as sensações do percurso. Agora passe alguns instantes registrando os efeitos subsequentes à deglutição. Nota algum gosto residual?

Mensagem da prática

Já lhe ocorreu no passado de prestar atenção consciente ao que fazia? Notou alguma diferença ao comer as uvas-passas, em especial a segunda?

A prática da uva-passa é a primeira atividade do princípio central desse programa de mindfulness: reaprender a trazer a consciência às atividades do dia a dia, a fim de perceber o modo fazer e caminhar para o modo ser, apresentado no capítulo 2 (ver página 39), aprimorando o traço de mindfulness. Parece simples, mas requer treino. Você não precisa tentar "desligar a mente". A inquietude dela é, em si, um portal para o aprendizado. Veja se você consegue reconhecer o que está acontecendo. Veja se consegue perceber os gatilhos. Treine a autoconsciência. Isso lhe dá liberdade para lidar com as dificuldades antes que elas assumam o controle de sua mente. Pratique!

Atenção plena no corpo e na respiração

A forma mais fácil de Ana sair do piloto automático é começar a trazer a atenção para a respiração. A respiração é um processo ativo e está sempre conosco. O ar flui para dentro e para fora dos pulmões, e não precisamos nos preocupar com esse movimento. Ele simplesmente acontece, porque a respiração é um processo rítmico que ocorre sem o pensamento consciente. Ao trazer o foco para a respiração, temos a certeza de que estamos vivendo no momento presente. A respiração é a porta de entrada para observar nossos sentimentos e nossos processos mentais, conscientes e inconscientes. Por esse motivo, a respiração é utilizada como âncora para o treino da atenção. À medida que você treina essa habilidade, aprimora a autoconsciência e a autopercepção, tornando-se mais consciente de seu estado de espírito e de seus pensamentos. Você passa a reconhecer o próprio corpo e a reconhecer seus padrões. Você passa a sair do piloto automático e a ir para o modo ser. É nosso dever conhecer a nós mesmos.

PRÁTICA DA ATENÇÃO PLENA NO CORPO E NA RESPIRAÇÃO

Atenção plena no corpo

 www.editorasenacsp.com.br/livros/mind/corpo.mp3    Duração do áudio 1 **7:37**

1. Procure uma posição confortável para se deitar em local tranquilo e sem muitas interrupções. Alternativamente, você pode se sentar. Pode ser diretamente no chão, na cama, em um colchonete, ou em uma cadeira confortável. É possível fechar os olhos, podendo abri-los em qualquer momento que você quiser.

2. Comece imaginando que o seu corpo está totalmente sustentado pelo local que você escolheu para deitar ou para se sentar, não sendo necessário nenhum tipo de resistência.

3. Comece trazendo a atenção ao contato do seu corpo com o solo ou com a superfície em que se encontra. Passe alguns instantes explorando essas sensações.

4. Agora comece a levar a atenção a seus pés, começando pelos dedos. Os dedos de ambos os pés. Em seguida, vá levando o foco da atenção à sola dos pés, aos calcanhares e ao peito dos pés. Pouco a pouco, vá incluindo todas as sensações físicas de ambos os pés. Talvez você possa observar como

essas sensações vão surgindo e se dissolvendo. Caso você não sinta nada, não há problema; apenas registre como é não sentir nada. Veja se é possível resistir à tendência natural de querer julgar. Simplesmente, preste atenção e leve consciência ao que já está aí.

5. Agora, pouco a pouco, vá ampliando a sua atenção para ambas as pernas; aos poucos, para o quadril, para a pelve, entrando em contato também com o abdome, com o tórax, os ombros... Pouco a pouco, inclua também o braço esquerdo, o braço direito, o pescoço e as sensações na cabeça.

6. Inevitavelmente, surgirão pensamentos em sua mente. Isso é perfeitamente normal. Quando você perceber que isso aconteceu, apenas note. Note o fato mentalmente e traga a sua atenção para a parte do corpo na qual você estava se concentrando, de forma gentil e com curiosidade.

7. Agora, passe alguns instantes com atenção ao corpo inteiro. Permitindo que sua experiência seja exatamente como ela é.

Atenção plena na respiração

1. A partir de agora, comece a se conectar com a sua respiração, observando como o ar entra e sai de seu corpo. Você pode observar como o seu abdome e o tórax se movem à medida que você respira. Caso queira, se for útil para você, você pode colocar uma mão no abdome, e outra, no tórax, para senti-los subir e descer.

2. Quais sensações você nota conforme inspira e expira? Você consegue perceber alguma pausa entre uma respiração e outra?

3. Não tente controlar ou mudar nada, apenas deixe que a sua respiração ocorra natural e livremente.

4. Permaneça assim por alguns instantes.

5. Quando estiver pronto, na próxima expiração, leve sua atenção para o corpo como um todo. Veja se consegue experimentar, eventualmente, uma sensação de plenitude e mantenha a consciência em tudo o que está sentindo conforme o ar entra e sai de seu corpo.

6. Permaneça assim por mais alguns instantes.

Mensagem da prática

Quantas vezes, no passado, você trouxe a atenção de forma consciente ao corpo? E a respiração? Como foi a experiência?

Essa prática permite que você aprenda a reconhecer o próprio corpo e a respiração. Também possibilita reconhecer que, em determinados momentos, sua atenção se afastará do corpo ou da respiração. E você perceberá pensamentos, imagens e planos aflorando à sua mente. No momento em que você nota que sua atenção foi sequestrada, você está consciente de sua experiência neste momento. Então, a cada momento que você nota isso, você está treinando o traço de mindfulness e a autoconsciência – uma das competências do aprendizado socioemocional: ser capaz de reconhecer um sentimento, uma sensação quando ele/ela ocorre. Por esse motivo, dizemos que a prática de mindfulness, aliada ao aprendizado socioemocional, é realmente transformadora.

Propostas de atividades para a semana 1

Lembre-se de seguir as orientações do capítulo 6 (ver páginas 97 a 102).

- Prática da atenção plena no corpo e na respiração (áudio 1).

- Faça um diário de autocuidado (modelo no Anexo 1; ver página 239) e registre.

- Atenção plena a uma atividade de seu dia a dia (por exemplo, escovar os dentes, caminhar de um ambiente para o outro em casa ou no trabalho, vestir-se, tomar banho, remover o lixo, lavar louça, etc.).

- Coma pelo menos uma refeição com atenção plena (do jeito como você fez com a uva-passa).

Maria, professora de matemática de uma escola pública, acha que seu trabalho está minando sua saúde. A cada dia se sente mais esgotada, como se a escola sugasse toda a sua vida. Alguns problemas de saúde foram aparecendo ao longo dos anos, até que um dia sua irmã a convenceu a procurar um médico, que lhe explicou que ela estava com burnout e precisava urgentemente cuidar mais de sua saúde.

Maria sempre foi uma professora muito dedicada e envolvida com seus alunos; tentava ajudá-los da melhor maneira possível. Com alguns, conversava no final da aula para tentar entender o que se passava. Havia alunos que contavam histórias muito tristes, outros eram carinhosos, outros se mostravam muito gratos porque Maria conseguia fazê-los aprender uma matéria que consideravam difícil.

No entanto, havia alguns alunos muito agressivos, que constantemente ameaçavam Maria e outros professores, além de tumultuarem a aula. Em um desabafo, ela disse: "Eu passava de dez a doze horas por dia correndo de um lado para o outro da sala separando brigas entre os alunos, levando alunos para a diretoria e ouvindo gritos deles. Vivia com medo de que um aluno ou um pai entrasse armado e disparasse tiros no corredor da escola. Eu passava os meus dias aterrorizada, sentia uma mistura de raiva e medo. Eu me tornei hiperativa, agressiva, meu coração saía pela boca. Dormia mal e, no dia seguinte, acordava irritada e exausta. Sentia dores musculares e de cabeça terríveis. A vida a cada dia estava se tornando terrível. E eu estava em conflito comigo mesma. Gosto de ser professora, mas sinto que estou morrendo aos poucos".

CAPÍTULO 8

Sessão 2. A arte de lidar com o estresse

Colaboração: *José Carlos Fuscella*, Valéria Piassa Polizzi** e David Wilson****

As águas correm e voltam ao oceano.
Coen Rōshi, monja zen-budista brasileira, séculos XX-XXI

---

* José Carlos Fuscella é professor de física do ensino médio e de curso pré-vestibular. Engenheiro civil pela Escola Politécnica da USP e psicólogo com especialização em mindfulness e saúde pela Unifesp. É coautor e instrutor do Programa MBHP-Educa.
** Valéria Piassa Polizzi é graduada em comunicação social pela Universidade Santa Cecília (Unisanta) e especialista em prática da criação literária pela Universidade Cruzeiro do Sul (UNICSUL). Possui especialização em mindfulness pela Unifesp e extensão *on-line* em mindful educator essentials da Mindful Schools, Califórnia, Estados Unidos. É coautora e instrutora do Programa MBHP-Educa.
*** David Wilson é médico pela Escola Paulista de Medicina da Universidade Federal de São Paulo (EPM-Unifesp). Possui mestrado em genética molecular do comportamento pelo Instituto de Psiquiatria da Faculdade de Medicina da Universidade de São Paulo (FM-USP) e é doutorando em saúde coletiva pela EPM-Unifesp.

Aprendendo a relaxar

A história de Maria mostra que o corpo da professora de matemática reagia ao que a mente estava pensando. Em um piscar de olhos, o corpo alimentava o cérebro de informações sensoriais e emocionais que acabavam realçando a taquicardia, a tensão, a angústia, o medo e a infelicidade. E Maria não tinha consciência do próprio corpo. A falta de consciência a levou a desenvolver o burnout. Maria ignorou os sinais sutis de seu corpo e o maltratou.

Para cultivar mindfulness, precisamos aprimorar a autoconsciência, como vimos anteriormente. Precisamos tomar uma sábia decisão de estarmos em sintonia com nosso corpo. E, para isso, usamos a prática do escaneamento corporal com relaxamento progressivo. A intenção é aprofundar a capacidade de ver a reatividade da mente, aprender a relaxar conscientemente e lidar com o estresse.

PRÁTICA DO ESCANEAMENTO CORPORAL COM RELAXAMENTO PROGRESSIVO

Você pode fazer o escaneamento corporal com relaxamento progressivo em pé, sentado ou deitado. Nós o faremos na posição sentada.

 www.editorasenacsp.com.br/livros/mind/relaxamento.mp3

 Duração do áudio 2
8:16

1. Adote uma postura cômoda e estável. Sua coluna permanece reta, os pés tocam o chão, as mãos descansam sobre as pernas e os olhos ficam fechados ou semiabertos. Você escolhe. Faremos três respirações profundas. Você faz sua própria contagem.

2. Tensione de forma consciente um grupo de músculos, segure dessa forma por alguns segundos e, depois, solte. Recorde-se do autocuidado e respeite os limites de seu corpo. Não force nada de maneira exagerada. Comece pelos pés, subindo gradativamente até a cabeça. Sinta os pés. Não faça uma imagem mental deles, mas sinta-os de fato. Inale o ar, retraindo e tensionando a sola e os dedos dos pés. Segure por um momento e, depois, solte todos os músculos. Apenas observe a sensação do relaxamento.

3. Entre em contato com as suas pernas. Sentindo as panturrilhas, vá pressionando-as. Segure um pouco e relaxe os músculos. Perceba como elas estão agora. Note a sensação. Não é preciso conceituar nada. Apenas experiencie. Perceba suas coxas. Aos poucos, junte e segure os joelhos um contra o outro, como se estivesse segurando algo entre eles. Mantenha-os dessa forma. Agora, com atenção, vá soltando esses músculos, relaxando cada parte. Observe as sensações com curiosidade. Levando sua consciência para as nádegas. Contraia todos os músculos. Sinta essa tensão. E agora, lentamente, solte, percebendo o relaxamento.

4. Nesse momento, repouse sua atenção na região abdominal. Perceba como sua barriga infla e desinfla, à medida que o ar entra e sai. Conscientemente, contraia seu abdome. Permaneça assim por poucos segundos e, então, vá relaxando essa parte do seu corpo. Observe como fica. Apenas note; permita que sua respiração repouse por alguns segundos na barriga. Agora, vá sentindo a extensão das costas. Lentamente, arqueie as costas para endurecer os músculos. Eles ficam tensionados. Perceba esse endurecimento e logo vá soltando essa região.

5. Respeitando seus limites, faça uma respiração profunda, enchendo o peito. Segurando o ar, contraia os músculos. E, aos poucos, relaxe enquanto solta o ar. Como se encontra sua experiência nesse momento? Perceba seus ombros. O que está presente? Há alguma sensação? Inicie a retração dos ombros, como se quisesse encostá-los nas orelhas. Seu pescoço também se tensiona. E, com atenção, vá soltando todos esses músculos. O que você sente? Apenas se perceba. Não é necessário buscar nenhuma sensação especial.

6. Vá trazendo sua percepção para os braços. Contraia os braços contra seu corpo: tríceps, bíceps, antebraços; feche os punhos. Segure essa tensão e, lentamente, solte. O que está ocorrendo? Não precisa trazer nenhum conceito nem tecer nenhum comentário. Só observe como se encontra. Indo agora para seu rosto e mantendo um estado atento, de abertura ao que está vivenciando, comece a apertar os olhos e a fechar sua boca, contraindo os lábios e o maxilar. Segure a tensão um pouco e, conscientemente, vá relaxando os músculos da face. Por fim, erga bastante suas sobrancelhas por alguns segundos, permitindo que se soltem a seguir.

7. Perceba-se. Sinta. Entre em contato com o que está vivenciando. Sinta seu corpo como um todo. Perceba as sensações presentes. Habite sua experiência.

8. E, agora, caminhando para o final dessa prática, faça pequenos movimentos com as mãos e os pés e, quando quiser, abra os olhos.

Mensagem da prática

Quantas vezes você, no passado, relaxou de forma consciente? Como foi a experiência?

A prática do escaneamento corporal com relaxamento progressivo permite que você aprenda a identificar e a discriminar a tensão corporal. Você aprende a reconhecer o próprio corpo e a aprimorar a autoconsciência e a autopercepção corporal – a capacidade de sentir os registros corporais proprioceptivos e interoceptivos e de habitar o próprio corpo, tendo uma consciência maior das partes que compõem o corpo humano.

O relaxamento não é, necessariamente, um "objetivo" da prática de mindfulness. Entretanto, o relaxar-se de forma consciente pode ser um grande aliado para o alívio do estado de tensão. Estudos indicam o potencial efeito benéfico de diminuição nos níveis de estresse percebidos após a prática do relaxamento. O exercício do relaxamento ajuda a lidar com a angústia que traz os sintomas e também com as emoções que podem estar causando ou exacerbando esses sintomas.

O protocolo espanhol TREVA, do Instituto de Ciencias de la Educación (da Universitat de Barcelona), procura somar os benefícios das técnicas de relaxamento, de meditação e de mindfulness voltadas à comunidade educativa como recursos psicopedagógicos tanto para docentes como para alunos. Seu coordenador, Luis López-González, aponta que a habilidade de relaxar pressupõe identificar a tensão corporal e conseguir autopacificar-se. A tensão se acumula em decorrência de medos e desconfianças que temos em relação a nosso ambiente. Segundo López-González, educar na calma é vital, e uma das competências que favorecem essa postura é o relaxamento, sendo imprescindível aprender a cultivar a própria presença, enraizando-se no solo e liberando o peso do corpo. Nesse processo, mindfulness pode ser bastante útil, para que tomemos consciência dos momentos em que nos encontramos tensos e, voluntariamente, possamos relaxar.

Reconhecendo os pensamentos

O ser humano apresenta a tendência de gastar muito tempo em seus pensamentos, seja se lembrando de situações do passado ou planejando o futuro, com muitas comparações, análises e críticas, esquecendo-se de vivenciar o momento presente. Além disso, esse padrão de viver dentro da mente nos leva a ignorar nosso corpo, não percebendo o que sentimos fisicamente. Fazer isso não é errado, afinal o papel da mente é pensar. O problema é quando fazemos isso em excesso e não percebemos os sinais de nosso corpo. Reconhecer os pensamentos e aprender a conviver com eles é o primeiro passo para o autogerenciamento, aptidão que se desenvolve por meio da autoconsciência e que faz parte do aprendizado socioemocional.

É normal, quando estamos estressados, que apareçam pensamentos negativos sobre nós mesmos, outras pessoas e situações. E podemos nos perder em uma correnteza de cobranças, como "por que não consigo relaxar?", "deve haver algo de errado comigo!", "não posso continuar assim!", "eu sempre faço as coisas erradas!", "nunca consigo terminar nada", "deveria desistir de tudo"... E, assim, a onda de pensamentos nos distancia da vida real sem tomarmos consciência de que temos o poder de escolha e de ver as coisas por uma perspectiva menos opressora. Nós não somos nossos pensamentos. E nossos pensamentos muitas vezes nem verdade são, embora perceber isso muitas vezes seja difícil. Uma proposta muito útil para aprender o manejo dos pensamentos, sem tentar evitá-los ou fugir deles, é a atividade "Oi, obrigado e tchau".

ATIVIDADE "OI, OBRIGADO E TCHAU"

Esta dinâmica deve ser realizada por você e mais duas pessoas, pelo menos, além de um instrutor ou facilitador de posse de um sino pin.[1] A atividade deve durar em média 2 minutos para cada indivíduo.

1. Devem ser formados grupos de três pessoas. Caso seja possível, podem ser grupos de quatro pessoas.

2. Uma das pessoas do grupo será o meditador. As demais representarão os pensamentos – a ideia é de que essas pessoas falem qualquer atividade do dia a dia. Por exemplo, "preciso fechar as notas!", "será que paguei a conta de luz?", "hoje está muito calor", etc.

3. O meditador deve se acomodar em uma cadeira, com os pés bem apoiados no chão. As costas devem estar retas, e as mãos, em repouso sobre as pernas. A pessoa pode fechar os olhos se quiser. Caso não, deve baixar o olhar para algo cerca de 1 metro à frente, mas sem focar a visão.

4. Os "pensamentos" devem se acomodar um de cada lado do meditador, próximos à orelha.

5. Ao soar do primeiro sino, o instrutor solicita ao meditador que traga o foco para sua respiração, observando o ar entrando e saindo de seu corpo.

6. Ao som do segundo sino, o instrutor solicita aos "pensamentos" – um de cada vez – que iniciem as frases.

---

[1] Na ausência do sino pin, é possível obter som semelhante por meio de aplicativos de meditação no celular.

7. Ao ouvir o som caracterizado como pensamento, o meditador deve dizer mentalmente: "Oi, pensamento. Obrigado, pensamento. Tchau, pensamento". E repetir a cada pensamento que chegar.

8. Ao soar novamente o sino, o meditador troca de lugar com um dos "pensamentos". No segundo tom do sino, inicia-se a atividade novamente.

9. Repetem-se as etapas 6 e 7.

Mensagem da atividade

Quantas vezes você se percebeu sendo arrastado pelo pensamento? Como foi a experiência?

A atividade "Oi, obrigado e tchau" permite que você aprenda a não se identificar emocionalmente com o pensamento, mas vê-lo; vê-lo como algo diferente de você e diferente, também, da realidade. Os pensamentos não são a realidade, mas apenas simples fenômenos de nossa mente. Vê-los assim é muito mais útil do que estar repetindo-os continuamente, pensando em seu significado até acreditar neles.

Durante a prática do mindfulness, também identificamos os pensamentos ("oi") e os deixamos passar ('tchau'), como uma atitude de curiosidade e gentileza, sem brigar ("obrigado"). Dessa forma, estabelecemos uma distância saudável em relação a eles. Quando aprendemos a fazer isso, é possível executá-lo de forma habitual na vida diária. É necessária a regularidade, pois a prática é fundamental para perceber o efeito.

Conhecendo o estresse e seus gatilhos

O correlato fisiológico do estado de estresse crônico e de várias emoções com valências negativas é o aumento da secreção de glicocorticoides, especialmente do cortisol, hormônio esteroide produzido pelo córtex da suprarrenal. O cortisol é um importante mediador do estresse a longo prazo.

A liberação do cortisol é regulada pelo eixo hipotalâmico-hipofisário-adrenal (HPA, ou *hypothalamic-pituitary-adrenal axis*), no cérebro. Quando nos expomos a um agente estressor, o eixo HPA inicia a liberação do hormônio liberador de corticotrofina (CRH), que é secretado no sistema hipotálamo-hipofisário e transportado para a adeno-hipófise. O CRH estimula a liberação do hormônio adrenocorticotrófico (ACTH) pela adeno-hipófise. O ACTH atua no córtex suprarrenal e promove a síntese e a liberação de cortisol. Em uma pessoa normal, quando o nível de cortisol sobe, este envia um sinal de retroalimentação negativa, inibindo a secreção de ACTH e de CRH, fazendo com que os níveis de cortisol diminuam e o corpo seja levado novamente a uma situação de equilíbrio (homeostase). Mas, quando o agente estressor se torna contínuo ou se a pessoa está deprimida, esse circuito de retroalimentação não funciona adequadamente, e o eixo HPA continua a estimular a secreção de cortisol.

Vale ressaltar que o cortisol é essencial para a vida: ele regula o ritmo sono-vigília (ciclo circadiano) e ajuda o corpo a reagir ao estresse e às mudanças do dia a dia. Em excesso, porém, intoxica nossos órgãos, suprimindo o sistema imunológico, alterando o metabolismo, prejudicando a cognição e levando à depressão e ao burnout.

Mas existe um modo natural de reduzir o estresse e os níveis de cortisol? Esse é o intuito deste programa.

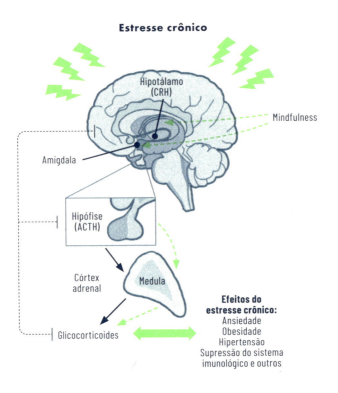

Figura 8.1 – Representação esquemática do eixo hipotálamo, hipófise e adrenal (HPA). O hormônio de liberação de corticotrofina (CRH) é sintetizado no núcleo paraventricular e, então, liberado no sistema porta-hipofisário, estimulando a secreção de hormônio adrenocorticotrófico (ACTH) pela hipófise anterior. O ACTH desencadeia a liberação de glicocorticoides (por exemplo, cortisol) do córtex da adrenal. Em situações de estresse agudo, ou o que ocorre no dia a dia, o cortisol por mecanismo de *feedback* negativo regula a liberação de CRH e ACTH. Entretanto, em situações em que o estresse torna-se crônico, esse sistema perde a sua efetividade e observa-se um aumento excessivo da secreção de cortisol na corrente sanguínea, acima das condições fisiológicas, levando a alterações dos sistemas endócrino e imunológico, do metabolismo e, também, promovendo alterações comportamentais, como aumento dos níveis de ansiedade. Assim, a prática do mindfulness auxilia no restabelecimento do sistema HPA, e os níveis de cortisol retornam para os parâmetros fisiológicos considerados normais. Legenda: setas sólidas: regulação positiva; linhas pontilhadas: *feedback* negativo; setas pontilhadas: efeitos normalizados.

Fonte: adapatada de MacLaughlin, *et al.* (2011).

Ao praticarmos mindfulness, tornamo-nos mais conscientes das experiências físicas e emocionais, por desenvolver o estado de *awareness* (a metacognição, que envolve o conhecimento de si e a autoconsciência), considerado elemento-chave do estado de mindfulness. A auto-observação e a autoconsciência promovem o reconhecimento das emoções com aceitação e não julgamento, reduzindo a reatividade frente ao agente estressor. Também promove atitudes mais compassivas, o que potencializa as relações interpessoais.

PRÁTICA DA RESPIRAÇÃO

 www.editorasenacsp.com.br/livros/mind/respiracao.mp3  Duração do áudio 3 **7:14**

1. Encontre aos poucos uma postura adequada, que proporcione uma sensação de dignidade e, ao mesmo tempo, conforto e estabilidade. E propriedade do próprio corpo.

2. As costas podem estar eretas, com ombros relaxados e mãos apoiadas nas coxas. As pernas ficam relaxadas, porém firmes, configurando uma postura geral que propicie a sustentação da prática.

3. Nessa posição, é possível tomar consciência do corpo presente na sala nesse momento. As partes de seu corpo que estão em contato com a cadeira ou com a almofada podem ser percebidas como apoios.

4. Muitas vezes, é possível perceber coisas como a temperatura das diferentes partes do corpo, seu peso, sua distribuição, sensações na pele... notando o contato da pele com o

entorno, com a roupa, o contato das orelhas com os sons nesse entorno. Sua atenção, então, pode ser trazida em "sintonia fina" para a totalidade de seu corpo nesse momento.

5. Após esse contato geral, é possível levar a atenção às sensações da respiração. Não há necessidade de "forçar a barra"; é possível fazê-lo gentilmente, sem ter em vista um resultado ou um estado desejado. Procure perceber os locais em que as sensações da respiração se mostram mais vívidas, mais intensas, nesse momento (talvez nas narinas, na garganta, no peito, na barriga...). Talvez você note a barriga inflando e murchando, o ar saindo e entrando pelas narinas, as diferenças entre uma narina e outra, e as pausas entre a inspiração e a expiração... Não há necessidade de controlar esses movimentos respiratórios, nem acelerando, nem os tornando mais lentos, apenas observando. Repousando sua atenção na respiração. Não há nada a ser mudado. Apenas esteja presente.

6. É perfeitamente natural que sua mente se distraia em algum ponto, que você se perca em pensamentos (talvez, recordações, preocupações, imagens, ideias...). Isso é natural; não há razão para sentir-se irritado consigo mesmo. Quando perceber que isso aconteceu, apenas tome consciência do fato e gentilmente traga de volta sua atenção à respiração.

7. Também é possível que você note algum desconforto ou alguma tensão no corpo. Apenas perceba e veja se é possível cultivar uma atitude de curiosidade e inclusão desse desconforto em sua experiência, em vez de combatê-lo ou tentar eliminá-lo.

8. Pode acontecer que sua mente divague novamente. Isso é perfeitamente normal. Caso isso ocorra, é possível manter

uma atitude de gentileza e, pouco a pouco, trazer outra vez a atenção para a respiração. Pode acontecer novamente, e novamente, e sempre surge a oportunidade de ancorar sua experiência de volta à respiração.

9. Talvez você também note que muitas sensações (dores, coceiras, cansaços) acabam sendo passageiras, mas também pode acontecer de uma sensação ou outra permanecer mais tempo. Se isso ocorrer, basta reconhecê-la e novamente voltar à respiração, sempre de forma gentil.

10. Após ter dedicado algum tempo a essa prática, é possível expandir sua atenção de volta para o corpo como um todo. Notando novamente sua posição e a sua presença no próprio corpo, no aqui e agora.

11. Nos momentos que precedem o término da prática, é possível devolver suavemente, pouco a pouco, os movimentos a seu corpo, abrir os olhos de maneira suave e gradual, de acordo com o que sente e percebe, e, com isso, trazer a experiência vivida na prática aos próximos momentos do seu dia.

Mensagem da prática

Usar a respiração como âncora é uma das técnicas mais conhecidas de mindfulness. Tem como base a consciência de "respirar sabendo que está respirando". A respiração sempre está conosco, porém costuma passar desapercebida. Ela é muito útil no propósito de se reconectar consigo mesmo.

Durante a prática, é provável que apareça algum tipo de pensamento. Quando observamos que isso acontece, a recomendação é deixar, com gentileza, que esse pensamento simplesmente passe, lembrando que pensamentos são um fluxo de informação e que, quando estamos mais autoconscientes e presentes no momento, podemos ser como um barco ancorado na margem de um rio. A água flui, mas o barco não se perde na correnteza.

Quando um pensamento se torna mais forte e tenta nos arrastar, basta estarmos abertos à sua presença, com gentileza e sem julgamentos, então logo ele perderá a força. Com o propósito de nos manter atentos ao momento presente, conseguimos retornar o foco para nossa âncora. Um ponto-chave é não se identificar com o que surge em nossa mente, mas observá-lo de uma forma em que se suponha haver uma certa distância em relação ao que acontece.

É muito importante não tentar mudar nosso ritmo habitual de respirar, mas apenas observá-lo, com tranquilidade, deixando que nossas vias neurais responsáveis pelo ritmo (tronco encefálico – bulbo) controlem nossos músculos sem esforço, como ondas do mar que vêm e vão enquanto apenas observamos sentados na praia, sentindo a brisa úmida e a areia em nossos pés.

A prática da respiração nos propicia um momento de maior intimidade com nós mesmos. Uma maior conexão entre corpo e mente, que foram separados artificialmente, no Ocidente, pelo dualismo cartesiano, em "coisa extensa" e "coisa pensante". Mas o convite do mindfulness é o retorno a uma substância única, uma reconexão com o eu, uma existência baseada na consciência e no autogerenciamento – regulação emocional, controle inibitório e gerenciamento da atenção.

O sentar consciente e estar atento à respiração, em silêncio e sem esperar nada extraordinário, é muito praticado pelas tradições orientais, base do ensinamento zen. É "a mente conhecer a própria mente". É "o corpo conhecer o próprio corpo". Para os praticantes do zen-budismo, não há separações: corpo-mente-espírito são interdependentes, e tudo é impermanente.

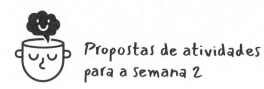
Propostas de atividades para a semana 2

Lembre-se de seguir as orientações do capítulo 6 (ver páginas 97 a 102).

- Prática do escaneamento corporal com relaxamento progressivo (áudio 2).

- Prática da respiração (áudio 3).

- Faça um diário de autocuidado (modelo no Anexo 1, ver página 239) e registre.

Faça três vezes por semana a prática do escaneamento corporal com relaxamento progressivo. Nos demais dias da semana, realize a da respiração.

"Naquele ano eu estava muito atarefada", conta Carmelita. "Estava ministrando aula em todos os horários, em duas escolas diferentes. Meus prazos estavam muito apertados, e eu vivia apressada de um lado para o outro, sem prestar atenção no caminho. Tantos problemas para resolver, que era comum me perder em meus pensamentos."

Em uma noite, ao sair da última aula, correndo para pegar o ônibus e totalmente desatenta por onde andava, Carmelita não viu o desnível na calçada, caiu e quebrou o pé. Passou a noite no pronto-socorro e ficou três semanas com o pé imobilizado – e, mesmo assim, lotada de trabalho. "Eu estava prestando tanta atenção nos meus problemas e não conseguia notar algo tão importante como os meus pés, e como eu dependia deles."

CAPÍTULO 9

Sessão 3. Cultivando o caminhar e o caminho

Colaboração: *José Carlos Fuscella* e Valéria Piassa Polizzi***

> É como olhar no espelho precioso, em que forma e reflexo se encontram. Você não é ele, mas ele é tudo de você.
>
> Tōzan Ryōkai, mestre zen-budista chinês, século X

---

* José Carlos Fuscella é professor de física do ensino médio e de curso pré-vestibular. Engenheiro civil pela Escola Politécnica da USP e psicólogo com especialização em mindfulness e saúde pela Unifesp. É coautor e instrutor do Programa MBHP-Educa.

** Valéria Piassa Polizzi é graduada em comunicação social pela Universidade Santa Cecilia (Unisanta) e especialista em prática da criação literária pela Universidade Cruzeiro do Sul (UNICSUL). Possui especialização em mindfulness pela Unifesp e extensão *on-line* em mindful educator essentials da Mindful Schools, Califórnia, Estados Unidos. É coautora e instrutora do Programa MBHP-Educa.

Autoconsciência e autopercepção

O ato de caminhar parece algo muito trivial, mas ele envolve a comunicação e o trabalho em equipe de várias estruturas encefálicas, áreas corticais, núcleos subcorticais, tronco e cerebelo. Quando somos crianças, aprendemos a caminhar. Primeiro, aprendemos a nos equilibrar sobre as duas pernas; depois, começamos a nos aventurar nos primeiros passos. O aprendizado do caminhar forma uma memória implícita; levamos por toda a vida e nem pensamos nele – apenas andamos de um lado para o outro de forma automática. Nossas vias sensório-motoras fazem todo o trabalho por nós com eficiência exemplar. Contudo, a automatização do andar nos faz ignorar a sensação desse ato: nossos músculos se contraindo e relaxando, levando-nos para todos os lugares. Nossos pés só são lembrados quando um sapato os aperta ou quando tropeçamos como Carmelita e os machucamos.

Por isso, a próxima etapa é realizar a prática da caminhada com atenção plena. Você pode realizar essa prática no caminho para o trabalho, ou quando caminha de uma sala para outra, ou até mesmo quando está subindo ou descendo as escadas. Tente, em um final de semana, ir a um parque e caminhar descalço, em um gramado, e sentir todas as sensações de seus pés em contato com a grama.

PRÁTICA DA CAMINHADA COM ATENÇÃO PLENA

 www.editorasenacsp.com.br/livros/mind/caminhada.mp3

 Duração do áudio 4
7:22

1. Encontre um lugar onde você possa caminhar livremente, sem se preocupar se alguém vai interrompê-lo. Pode ser um ambiente externo ou interno, e a extensão da caminhada pode ser de dez passos, aproximadamente.

2. Fique em pé, descalço ou de meias, com seus pés paralelos. Caso não se sinta confortável descalço, permaneça com os calçados. Os braços devem estar paralelos ao corpo. Permaneça na mesma posição por alguns instantes. Ao iniciar a prática, evite olhar para os pés enquanto caminha.

3. Agora, traga o foco de sua atenção à sola dos pés. Perceba o contato dos pés com o chão e o peso do corpo. Se possível, perceba também a textura do chão e sua temperatura. Permaneça aberto a quaisquer mudanças nas sensações de seu corpo durante a prática. É possível notar a textura, a temperatura e a regularidade do solo, cultivando uma atitude de abertura a quaisquer sensações e suas eventuais mudanças. Não há necessidade de "buscar" sensações para "fazer a prática certo". Na eventualidade de não perceber nada especial na prática daquele momento, esse aparente vazio de sensações também faz parte da prática. E, na próxima vez que for se ocupar dessa prática, lembre que cada vez é uma vez diferente, e outra experiência pode aguardá-lo na repetição da prática.

4. E, então, é possível experimentar transferir o peso do corpo para a perna direita, acompanhando as mudanças de sensação que o movimento proporciona com a solicitação de músculos, articulações e pele, e isso vai se prolongando até que o peso tenha sido transferido para a perna esquerda.

5. Já na perna esquerda, o calcanhar pode se elevar lentamente do chão, oferecendo sensações na planta do pé, no calcanhar, até chegar à ponta do dedão do pé, incluindo aí a coxa, o joelho e a panturrilha ("batata da perna").

6. Em seguida, naturalmente o pé esquerdo vai fazendo contato com o solo, em um passo, aproveitando a oportunidade para perceber o peso do corpo sendo transferido de um grupo de estruturas (pé, tornozelo, canela, panturrilha, joelho, coxa na frente e atrás, quadril, nádegas e coluna) para o outro. Notando as mudanças das solicitações e liberações das estruturas à medida que se dá o movimento, e a inter-relação entre todas.

7. Dessa maneira, vá repetindo os passos (mais lentamente que o usual) e perceba o que se experimenta com o acúmulo dos passos.

8. É possível variar o movimento, para o lado ou para trás, percebendo como é que as estruturas acima se comportam em outras manobras. Também é possível estender a experiência às regiões mais remotas, como ombros, pescoço e braços, e o corpo como um todo.

9. É possível caminhar por longos períodos de tempo, mas, para uma primeira experiência com atenção plena, 8 a 10 minutos costumam oferecer uma vivência bastante ampla da prática. A caminhada também oferece seu próprio ritmo,

mas podemos experimentar uma redução de velocidade, de acordo com nossas possibilidades, somente para observar o que acontece.

10. Também nessa prática, é possível que a certa altura você perceba que foi levado por algum ou alguns pensamentos. Caso isso ocorra, não há motivo para desânimo, bastando realocar sua atenção para as regiões envolvidas na deambulação e o contato dos pés com o chão. Nessa prática, nossos pés fazem as vezes de nossa âncora.

11. Também é possível modificar o ritmo da marcha para velocidades maiores, e, caso não seja uma sobrecarga, pode-se chegar perto da velocidade de correr, porém sempre mantendo um dos calcanhares no chão, notando as modificações que surgem na respiração, no corpo, no peito e nos membros.

12. Com o sinal sonoro do término da prática, pare e note o cortejo de sensações que permeiam o momento, permitindo que essas sensações sejam acolhidas e vistas com interesse e curiosidade.

Mensagem da prática

O treino de autoconsciência e autopercepção também pode se dar enquanto nossos corpos se movimentam; é voltar a consciência para o sentido da propriocepção. A propriocepção diz para nosso cérebro como estamos no espaço, se estamos sentados ou em pé, a posição de nossa cabeça, como devemos usar nossos músculos para nos manter equilibrados, tanto em repouso como em movimento. Nossos córtices motores e somatossensoriais possuem uma representação completa de todo o nosso corpo. Possuímos neurônios que disparam para cada sensação corporal e para movimentar cada músculo; contudo, não desenvolvemos essa conexão.

Na prática da caminhada com atenção plena, o convite é se movimentar e focar a atenção às sensações do movimento. Estar consciente de cada parte do corpo conectada com o espaço ao redor.

Ao tomar consciência de uma tarefa motora, estamos trabalhando nossa atenção. Nosso cerebelo e nosso córtex pré-frontal estão a todo momento corrigindo nossos movimentos em tempo real, prevendo os próximos passos e imaginando os movimentos a serem realizados a seguir. Quando intencionalmente focamos nossa atenção nos movimentos, estamos aprimorando nossa memória de trabalho e nossa propriocepção, o que favorece a competência do autogerenciamento – no caso, regulação da atenção e da capacidade de controlar impulsos (chamamos de controle inibitório).

Escapando no funil

Carmelita vivia no limite, de um lado para o outro, sem tempo para si mesma. Conflitos no trabalho, reuniões cansativas, prazos curtos, problemas pessoais, dificuldades financeiras... Contudo, recarregava sua energia às quartas-feiras, quando se dedicava a um grupo de alfabetização de adultos. A gratidão daqueles alunos era contagiante, e passava a semana toda pensando neles.

Na história da Carmelita, ela – como muitos de nós no dia a dia – possuía mais obrigações do que diversões; gastava toda a sua energia no modo fazer de um compromisso para o outro. Foi estreitando o círculo de sua vida para se concentrar na solução de seus problemas imediatos. Desistiu de fazer as aulas de dança que tanto amava, pois não podia perder tempo. Deixou inúmeras vezes de sair com os amigos no final de semana porque precisava adiantar as tarefas da semana. Passou a estar constantemente mal-humorada e sem paciência. Muitas noites passava em claro ou dormia sem, no entanto, ter a sensação de descanso. Passava muito tempo pensando por que sua colega, a professora de inglês, possuía tanta raiva dela e criava tantas fofocas. Foi se aprofundando progressivamente nesse abrir mão de coisas que lhe davam prazer para ter mais tempo para as coisas mais "importantes", como o trabalho. Sua sobrecarga de trabalho a fez se aprofundar na exaustão física e mental, como um funil levando cada vez mais para as profundezas, em constante aceleração. Então, estava no fundo do poço – o burnout.

Segundo a psicóloga Christina Maslach, professora da University of California, Berkeley, existem três principais desfechos de burnout: o esgotamento emocional, o cinismo e o sentimento de ineficiência. O esgotamento emocional é o sentimento de não ter mais energia para nada. O cinismo é a insensibilidade para com os outros. O sentimento de ineficiência é se sentir profundamente culpado e fracassado.

Pessoas que sofrem de burnout se acusam por todo tipo de falha. Nas palavras de Carmelita: "Tudo o que faço está sempre errado, eu não sirvo para nada! Vou largar tudo!".

ATIVIDADE "DIA A DIA REVIGORANTE E DESGASTANTE"

Em uma folha de papel, desenhe um grande funil. Escreva nele palavras que representem, em sua vida, sintomas de esgotamento, como mostra o exemplo da figura 9.1.

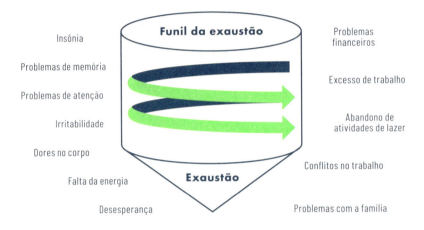

Figura 9.1 – Funil da exaustão.
Fonte: adaptado de Williams e Penman (2015).

Agora, relacione esses sintomas a atividades de sua semana típica. Esse desenho ilustra como situações do dia a dia podem trazer manifestações de esgotamento. Assim como no caso de Carmelita, algumas atividades do cotidiano são revigorantes, e outras, desgastantes.

Faça a atividade a seguir, que oferece um vislumbre de quanto do tempo do dia é dedicado àquelas revigorantes/gratificantes e quanto às que são desgastantes. Em um primeiro momento, imagine sua agenda de um dia típico (não de um dia especial, como seu aniversário ou alguma data festiva ou familiar). Tome como exemplo a programação mais rotineira que você consegue imaginar. Nesse exercício, não é essencial fechar os olhos, embora esse recurso frequentemente ajude na organização da agenda imaginária. O dia típico pode ser fracionado em períodos, caso isso facilite a imaginação, ou em horários – o que for mais didático para você. É comum que atividades mais extensas e absorventes dividam-se mais facilmente em diversas atividades menores. Após esse exercício, você pode anotar tudo na coluna da esquerda da figura 9.2.

Atividades de um dia comum	R/D

Figura 9.2 – Modelo de listagem das atividades diárias.
Fonte: adaptado de Williams e Penman (2015).

Ao completar a coluna da esquerda do quadro, faça a si mesmo as perguntas a seguir.

1. Do que foi lembrado, quais são as atividades que você considera revigorantes ou gratificantes? Quais amplificam sua percepção de estar vivo? Quais favorecem a atitude de estar presente?

2. Por outro lado, entre as atividades, quais você considera que desgastam sua disposição? Quais contribuem para reduzir a percepção de estar vivo ou dificultam a atitude de estar presente?

A letra R representa "revigorante" (gratificante), e a letra D, "desgastante". Algumas atividades podem cair em ambas as categorias; em outras, a resposta mais adequada é "depende" (nesses casos, para fins práticos, veja se é possível escolher uma classificação predominante). Caso não haja esse predomínio, também é possível anotar R/D.

Agora, observe o quadro preenchido e faça as perguntas a seguir a si mesmo.

1. Existe alguma atividade desgastante que eu possa tirar de minha rotina? Caso eu não possa tirar, há algo que eu possa fazer para torná-la menos desgastante?

2. Posso adicionar mais atividades revigorantes em minha rotina?

3. Dessas atividades que compõem o quadro, quais foram de minha "livre escolha"? Minhas escolhas têm sido conscientes?

4. De quais maneiras, por quais estratégias, eu conseguiria cuidar melhor de mim mesmo?

Mensagem da atividade

Nesse exercício, podemos explorar a relação entre as atividades cotidianas e nosso estado de humor, em especial investigando a frequência de atividades "revigorantes" (R) e "desgastantes" (D) em uma semana típica de trabalho. A intenção principal é trazermos mais consciência

a elas, buscando um melhor equilíbrio de R e D, e explorando a possibilidade de fazermos alterações realistas nesse equilíbrio, apoiados pelas práticas de mindfulness.

PRÁTICA DA SENSAÇÃO DESPRAZEROSA E PRAZEROSA

 www.editorasenacsp.com.br/livros/mind/sensacoes.mp3

 Duração do áudio 5
7:37

1. Para esta prática, convém adotar uma postura que favoreça uma experiência de estar o mais presente possível nesse momento. Para tanto, podemos escolher uma postura sentada que favoreça tal vivência.

2. Nessa posição, é possível entrar em contato com a experiência do entorno e do ambiente. Você pode, por exemplo, perceber os sons que vêm de fora, os ruídos mais de perto, a temperatura e até a luminosidade que entra pelas pálpebras. Lentamente, então, comece a observar seu corpo como um todo, nesse momento. Você pode observar as sensações físicas ao redor do corpo, como o contato dos pés com o chão, o apoio das pernas na cadeira, as mãos sobre o colo e até o contato da pele com a roupa.

3. Aos poucos, então, veja se é possível encontrar alguma sensação desagradável em seu corpo. Pode ser algo simples, como um ponto de tensão, o apertar do sapato ou da roupa. Veja se é possível observar essa sensação desagradável procurando não julgar. Apenas a acolhendo, com curiosidade, abertura e gentileza. Como é esse desconforto, essa dor? Ele permanece sempre o mesmo? Muda com o tempo?

Investigue essa sensação minuciosamente. Eventualmente, você pode observar se surgem pensamentos ou emoções em relação a esse desconforto. Apenas fique com ele, notando-o por alguns instantes.

4. Agora veja se é possível entrar em contato com uma sensação agradável em seu corpo. Também pode ser algo simples, como o repouso das mãos sobre o colo ou a sensação do ar entrando e saindo pelas narinas. Observe essa sensação agradável procurando não a julgar. Apenas a acolhendo, com curiosidade e abertura, de maneira gentil. Como é essa sensação agradável? Ela é sempre a mesma? Muda algo com o tempo? Veja se é possível investigá-la minuciosamente. Você também pode observar se eventualmente surgem pensamentos ou emoções em relação a essa sensação. Apenas fique com ela por mais alguns instantes.

5. Lentamente, então, vamos abrindo nosso campo da consciência para incluir todas as sensações presentes, sejam elas agradáveis ou desagradáveis. Permita que tudo se manifeste e desapareça naturalmente, sem forçar nada. Procure, se possível, não querer afastar o desagradável nem se apegar ao agradável. Acolha toda a experiência com uma perspectiva mais ampla e profunda, com equanimidade.

6. E, assim, observando o corpo como um todo, com base nessa perspectiva mais ampla, perceba se você pode escolher com quais sensações quer ficar. Acolhendo sua escolha com gentileza e amorosidade. E, lentamente, quando estiver pronto, vá trazendo essa prática ao final.

Mensagem da prática

Ir em direção ao desagradável ou difícil significa permitir, com uma atitude suave, leve, gentil, sem julgamentos, que qualquer situação difícil ou dolorosa que você está enfrentando no momento simplesmente esteja aí. Ir em direção ao desagradável nos ajuda a conhecer melhor qualquer estressor que pode nos empurrar para dentro do funil. Ajuda-nos também a entender nossa resposta psicofisiológica ao estressor e, assim, estar mais atentos aos sinais que nosso corpo nos dá, possibilitando uma tomada de decisão mais consciente e responsável com nós mesmos.

No momento em que o foco de nossa atenção é transferido para as sensações do corpo, podemos identificar com maior clareza a origem dos sintomas. A partir daí, passamos o foco de nossa atenção para as experiências agradáveis do momento presente. Quando estamos na espiral dentro do funil, é fácil esquecer o fato de que partes de nossa experiência são agradáveis e, até mesmo, belas. Talvez algo muito simples, como o calor nas mãos, o canto de um pássaro, a companhia de um amigo, o sabor de um chá.

Ao ampliarmos o campo de nossa consciência para incluir os aspectos agradáveis e desagradáveis da experiência momento a momento, permitimos que tudo se manifeste e desapareça, sem afastar o desagradável nem se apegar ao agradável. Acolhemos toda a nossa experiência com uma perspectiva mais ampla e profunda, com equanimidade – não ampliar problemas nem prazeres de modo que seja possível não criar em nossa mente nada além da experiência em si.

Com essa perspectiva mais consciente, aprendemos a responder em vez de reagir aos aspectos desagradáveis e difíceis da vida; somos capazes de observar a situação de uma perspectiva mais ampla e, assim, tomar decisões mais responsáveis – uma importante habilidade pró-social.

PRÁTICA DOS TRÊS PASSOS

Para estarmos mais atentos aos pequenos sinais de que estamos nos aproximando do funil, uma ação muito útil é a prática dos três passos.

www.editorasenacsp.com.br/
livros/mind/trespassos.mp3

Duração do áudio 6
5:16

Primeiro passo: tornar-se consciente

1. Escolhendo uma postura (sentada ou em pé) que inclua uma ideia de dignificação e pertinência. Veja como seu corpo se sente neste momento.

2. Na posição escolhida, permita que sua consciência se dirija à sua experiência no presente momento. Algumas perguntas podem ajudar, como: qual é a experiência que vivencio aqui e agora? Quais ideias, memórias, preocupações, imagens estão se fazendo presentes em minha mente neste instante? Na medida do possível, sem se forçar, permita-se reconhecê-las como fenômenos de consistência meramente mental.

3. Há algum sentimento ou sentimentos que permeia(m) o presente momento? Quais e quantos seriam? Lembrando que não há necessidade de tentar mudar qualquer sentimento ou emoção, mas de apenas os reconhecer como parte do presente momento.

4. Fisicamente, quais sensações corporais compõem esta experiência presente? Aproveitando o fato de o corpo se oferecer à sua consciência, entrando em contato mais íntimo com as sensações – e eventuais tensões –, sem o dever de tentar mudá-las.

Segundo passo: recolhimento e condensação da ação

1. A atenção agora incide sobre as sensações do abdome, que recebe a respiração. A expansão da inspiração e o relaxamento da expiração. Apenas seguindo, sem se dar qualquer trabalho.

2. A respiração aqui pode ser usada como uma metáfora para a ancoragem no presente momento. Caso ocorra alguma divagação ou algum devaneio, a gentileza trará a atenção de volta à respiração, sem que se necessite fazer qualquer coisa. A respiração sempre se oferece como essa metáfora; sempre está disponível para acudir a prática.

Terceiro passo: ampliação da atenção

1. Em seguida, o foco da atenção pode migrar da respiração para o corpo como um todo. Como se o corpo inteiro respirasse (como de fato respira!), e não somente algumas regiões do corpo.

2. Caso algum eventual desconforto ou alguma tensão surjam, dê-se o espaço e a liberdade de levar sua atenção a essa sensação, imaginando que sua respiração possa entrar e "ventilar", liberando a tensão com a expiração seguinte.

3. Procedendo dessa maneira, cultivamos a exploração dessas sensações, o que contribui para que se estabeleça uma relação de amizade com elas, em vez de lutar para modificá-las. Você está explorando suas sensações, tornando-se amigo delas, em vez de tentar mudá-las de alguma forma. E, caso elas se aquietem, sempre é possível levar o foco da atenção de volta para o corpo inteiro, momento a momento.

Mensagem da prática

A prática dos três passos foi desenvolvida com a intenção de facilitar a aplicação, no dia a dia, das habilidades desenvolvidas nas práticas mais longas. Por ter sido concebida para ser uma espécie de vínculo, de *link* da prática formal com o cotidiano, acaba por ser tida como uma das práticas mais importantes do programa, muito embora, em momento algum, possa substituir a prática formal mais longa (ou equivaler-se a ela), pois têm funções diferentes. Se bem cultivada, em sintonia com as práticas mais longas, pode ser uma ferramenta útil para amplificar a consciência de si mesmo, sua autoprevisibilidade, propiciando uma maestria sobre sua autoconsciência, seu autocuidado e seu gerenciamento da atenção, da emoção, dos gestos e das palavras. Cultivando uma postura de autocuidado e autocompaixão, essa prática pode contribuir para a formação de um "refúgio" em meio ao caos do dia a dia.

Essa prática ajuda a cultivar emoções de valências positivas, dissolvendo pensamentos desadaptativos (de valência negativa – que nos levam direto para o funil) antes que eles assumam o controle da vida. No momento em que a correnteza dos pensamentos ameaça levá-lo para a espiral dentro do funil, ela permite que você realize uma pausa, ajudando-o a se recuperar e se ancorar no momento presente.

Propostas de atividades para a semana 3

Lembre-se de seguir as orientações do capítulo 6 (ver páginas 97 a 102).

- Prática da caminhada com atenção plena (áudio 4).

- Prática da sensação desprazerosa e prazerosa (áudio 5).

- Prática dos três passos (áudio 6). Realize essa prática quando tiver um intervalo entre as atividades ao longo do seu dia e sempre que sentir necessidade.

- Faça um diário de autocuidado (modelo no Anexo 1; ver página 239) e registre.

Faça três vezes por semana a prática da caminhada com atenção plena. Nos demais dias da semana, realize a prática da sensação desprazerosa e prazerosa. Você também pode intercalar as práticas.

Após Carmelita retirar a imobilização de sua perna, necessitou fazer fisioterapia. "Na clínica, tive que reaprender a colocar o pé no chão. A fisioterapeuta me instruía a fazer os movimentos lentamente. Sentia meu pé duro; muitas vezes, doía. Precisava movimentar os dedos, o tornozelo, repetir com cuidado o movimento necessário para caminhar. Colocava aos poucos o peso sobre aquela perna", relata. "A minha fisioterapeuta me contou que estava praticando ioga e que após a minha recuperação eu deveria experimentar. O estúdio que ela frequentava ficava perto da escola. Ela também contou que a prática do ioga trabalha a consciência corporal e a atenção."

CAPÍTULO 10

Sessão 4. Além dos muros da escola

Colaboração: *José Carlos Fuscella** e *Valéria Piassa Polizzi***

> De causas que parecem semelhantes
> esperamos efeitos semelhantes. É esse o resultado
> de todas as nossas conclusões experimentais.
> David Hume, filósofo e historiador britânico, século XVIII

---

* José Carlos Fuscella é professor de física do ensino médio e de curso pré-vestibular. Engenheiro civil pela Escola Politécnica da USP e psicólogo com especialização em mindfulness e saúde pela Unifesp. É coautor e instrutor do Programa MBHP-Educa.
** Valéria Piassa Polizzi é graduada em comunicação social pela Universidade Santa Cecília (Unisanta) e especialista em prática da criação literária pela Universidade Cruzeiro do Sul (UNICSUL). Possui especialização em mindfulness pela Unifesp e extensão *on-line* em mindful educator essentials da Mindful Schools, Califórnia, Estados Unidos. É coautora e instrutora do Programa MBHP-Educa.

Consciência corporal

Como a fisioterapeuta de Carmelita disse, trazer a atenção a nossos movimentos e postura corporal pode contribuir para a regulação da atenção e se constituir em um momento de autocuidado.

PRÁTICA DO MOVIMENTO ATENTO

 www.editorasenacsp.com.br/livros/mind/movimento.mp3

 Duração do áudio 7
9:11

1. Essa prática será feita em pé, e você pode fazer com os pés descalços ou com meias – o que for mais cômodo para você. A coluna fica alinhada, mantendo os pés paralelos, em uma abertura próxima à distância dos quadris, conferindo estabilidade à postura. Convém não "travar" os joelhos, mas mantê-los ligeiramente flexionados.

2. Comece levantando os braços na lateral do corpo após uma inspiração um pouco mais profunda, até que os braços estejam paralelos ao chão. Veja se é possível dar algumas respirações nesse trajeto. Inspire novamente e continue o trajeto dos braços até que as mãos estejam por cima da cabeça, dando mais algumas respirações nesse novo trajeto. Durante a execução dos movimentos, há uma grande oportunidade de perceber as sensações nos músculos, nos tendões e nas articulações, à medida que os braços são erguidos.

3. Sempre respeitando o ritmo espontâneo da respiração, o alongamento segue, até que as pontas dos dedos apontem para o alto, enquanto os pés permanecem firmemente

aderidos ao solo. Esse é um bom momento para percebermos o alongamento muscular e de articulações, pés, pernas, tronco, indo até os braços, mãos e dedos.

4. Também é possível notar o que vai se desenrolando com a respiração, conforme ela flui sem intervenções. Manter uma atitude de abertura às sensações corporais também é uma faceta da experiência. Na eventualidade de algum desconforto, desagrado ou contrariedade, também é possível incluir essas experiências na prática.

5. À medida que a prática prossegue, experimente permitir aos braços que se recolham de volta à posição original, suavemente, com o auxílio de uma expiração. Conforme eles descem, é possível perceber as mudanças nas sensações, inclusive no contato do corpo com a pele e com as roupas.

6. Caso tenha escolhido permanecer de olhos abertos nessa prática, esse é um momento em que os fechar pode refinar a percepção da respiração e das sensações corporais após o movimento.

7. Após alguns instantes contemplando as sensações corporais, em seguida os olhos podem ser reabertos, e um dos braços pode ser erguido como se houvesse uma fruta em uma árvore para ser colhida. Levantando do chão o calcanhar da perna oposta e olhando em direção ao teto por cima da mão estendida, note se surge a sensação de alongamento, de estar se esticando. Após alguns instantes, é possível gentilmente retornar o calcanhar ao solo. Suavemente, acompanhe o descer do braço com os olhos.

8. Com ambos os pés no chão e os ombros relaxados, entre em contato com as sensações posteriores, mais tardias, que a prática oferece à sua percepção.

9. Essa mesma experiência pode ser desenvolvida com a outra metade do corpo (perna, tronco, braço e cabeça).

10. Em seguida, com as mãos no quadril, o dorso pode ser inclinado para um lado, enquanto o quadril é fletido na direção contrária, formando uma grande curva que vá dos pés ao tronco. Uma imagem que pode aprimorar essa postura é imaginar-se entre duas lâminas de vidro, ou duas tábuas, que não permitem cair nem para a frente nem para trás, deixando toda a atenção incidir sobre a lateralidade do movimento. Após alguns momentos nessa postura, com uma inspiração, retorne à posição ereta e, em seguida, curvando-se para o lado oposto, você pode repetir a mesma técnica. Ao retornar, há uma excelente oportunidade para comparar um lado do corpo com o outro, nas sensações que cada parte oferece.

11. Agora vá levando a sua atenção aos ombros, que vão rodar da seguinte maneira: primeiro eleve os ombros o mais próximo dos ouvidos sem se forçar nem exagerar. Em seguida, dentro do possível, leve as pontas dos ombros para trás, como se fossem tocar "as asas", aproximando as escápulas. Na sequência, suavemente, faça o movimento para baixo, como se soltasse gentilmente os ombros. Não há necessidade de qualquer velocidade específica; é possível permitir que a respiração determine o ritmo dos movimentos, bastando, para isso, segui-la. Em seguida, experimente inverter a sequência, como se o ombro "rolasse para trás" agora. Esse movimento de rolamento em vaivém pode ser repetido diversas vezes.

12. Permaneça, então, parado, por um momento, para sintonizar-se com as sensações que o corpo apresenta após a sequência de exercícios e, aos poucos, vá dando um término a essa prática.

Mensagem da prática

A prática do movimento atento oferece uma oportunidade de reconexão com nosso corpo. Ela é um convite a praticar o olhar atento de uma criança, com abertura e curiosidade às coisas comuns. Nosso cérebro tem uma complexa rede que controla o movimento, uma rede somatossensorial que envolve córtex frontal, parietal, núcleos subcorticais, tálamo, tronco e cerebelo. As informações sensorial e motora fluem neurônio a neurônio. Da mesma forma que a prática da caminhada com atenção plena, esta prática aprimora a autoconsciência e a autopercepção.

A realidade como ela é

> "Na escola do ensino fundamental, o valentão era o Gabriel, quartanista quando entrei para trabalhar nessa escola", conta a professora Josefina. "Era ele quem roubava o lápis de cor dos coleguinhas, colocava groselha na caixa d'água, empurrava os meninos, colocava chiclete no cabelo das meninas, ameaçava os professores. Era o arruaceiro clássico, partindo sempre para a briga sem que houvesse provocação. Todos da escola tinham medo dele – e eu temia o dia em que teria que dar aula para ele." Mas o que ninguém sabia era que o padrasto abusava de Gabriel e ameaçava abusar de suas irmãs mais novas e matar sua mãe caso Gabriel contasse para alguém.

Garotos como Gabriel são visivelmente problemáticos. Mas a maioria de nós não consegue enxergar a história além da superfície. Rotulamos um aluno como problemático sem saber por que ele age de determinada forma. E usamos palavras depreciativas para descrever quem é ele. O "Gabriel" é muito mais do que o comportamento dele, embora o comportamento seja o reflexo da história vivida pelo menino cada dia que nós não enxergamos.

Nunca vemos uma cena por completo, de todas as perspectivas. Baseamo-nos apenas em nossa interpretação do fato. A mente cria as ideias com base em nossas experiências do passado, atribuímos-lhes significado e então o tomamos como verdade absoluta sobre o fato. Como resultado, nossa interpretação do fato é individual; ela depende da perspectiva de cada um. Para um professor, Gabriel pode ser um caso perdido; para outro, Gabriel é só um menino gritando por socorro. Não vemos o mundo como ele é, mas como acreditamos que ele seja. Criamos nossa própria realidade.

Todos nós temos um arquivo armazenado de memórias emocionais que influenciam a maneira como pensamos, sentimos e nos comportamos. Experiências associadas com fortes emoções de valência negativa criam padrões de conexões neurais no cérebro que são armazenadas na memória. Pavlov (1927) e Le Doux (2000) chamam isso de respostas condicionadas: situações do dia a dia que podem ser consideradas neutras ganham uma valência negativa pelas memórias que temos de situações semelhantes pelas quais já passamos e que foram desagradáveis.

Quando falamos de cognição humana, essas respostas condicionadas – sejam elas de valência negativa ou positiva – são o que nós chamamos de hábito. Segundo a definição proposta pelo filósofo David Hume (2013), nunca temos realmente certeza do que irá acontecer, contudo, pelo hábito que adquirimos de acordo com nossa experiência, tomamos por verdade que aquilo sempre irá acontecer da mesma forma. Aqui podemos fazer um diálogo entre a filosofia e a neurociência, pois os hábitos criados por nossa mente são padrões de pensamentos e comportamentos "gravados" em nossas redes neurais; situações cujo futuro nossa mente tenta prever, como uma "máquina probabilística", com base nas experiências do passado. Para efeito didático, vamos chamar esse fenômeno da mente de "roteiro". Mindfulness tem um papel importante na observação e na conscientização desses roteiros.

ATIVIDADE "ROTEIROS"

Encontre uma posição sentada e permaneça com as costas eretas. Feche os olhos. Agora faça algumas respirações profundas, executando uma breve prática dos três passos, e imagine a primeira situação: você está caminhando pelas dependências de sua escola ou instituição. Você enxerga, do outro lado do corredor (ou do pátio, ou da quadra, etc.), a uma certa distância, um colega (ou aluno, ou gestor, ou funcionário da escola). Você acena vigorosamente, mas essa pessoa não responde. O que você pensa? Quais são as sensações, as emoções e o impulso que surgem? Preencha o quadro apresentado na figura 10.1.

Agora, imagine uma segunda situação: você foi chamado por um superior/gestor para uma conversa em particular. Essa pessoa identificou falhas em seu trabalho e as está apontando para você. Você sente que está correndo o risco de ser demitido. Saindo da reunião, você caminha pelas dependências de sua escola ou instituição. Você enxerga, do outro lado do corredor (ou do pátio, ou da quadra, etc.), a uma certa distância, um colega (ou aluno, ou gestor, ou funcionário da escola). Você acena vigorosamente, mas essa pessoa não responde. O que você pensa? Quais são as sensações, as emoções e o impulso que surgem? Continue preenchendo o quadro da figura 10.1.

Imagine uma terceira situação: você foi chamado por um superior/gestor para uma conversa em particular. Essa pessoa está absolutamente satisfeita com a qualidade do seu trabalho e está elogiando seu desempenho. Você está recebendo um reconhecimento por tudo o que já realizou. Talvez até venham uma promoção, um aumento de salário... Saindo da reunião, você caminha pelas dependências de sua escola ou instituição. Você enxerga, do outro lado do corredor (ou do pátio, ou da quadra, etc.), a uma certa distância, um colega (ou aluno, ou gestor, ou funcionário da escola). Você acena vigorosamente, mas essa pessoa não responde. O que você pensa? Quais são as sensações, as emoções e o impulso que surgem? Preencha o quadro da figura 10.1.

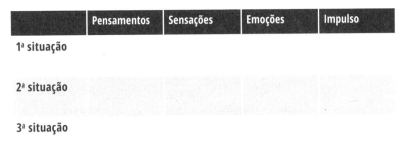

Figura 10.1 – Modelo para atividade "Roteiros".

Como discutido em parágrafos anteriores e de acordo com o modelo teórico conhecido como ABC das emoções, proposto por Segal, Williams e Teasdale (2013), existem pelo menos três versões da mesma história: (A) a situação em si, (B) a interpretação da situação e (C) nossas reações frente à situação. Geralmente focamos o (A) e o (C) e acreditamos nisso como verdade, mas é apenas nossa interpretação da realidade. E essa forma de ver o mundo não nos permite trazer a consciência para a situação (B) e ver que a maneira como interpretamos o mundo muda nossa realidade e a forma de reagirmos.

E, dependendo de nosso estado emocional e mental, nós interpretamos as situações e criamos uma cascata de experiências → pensamentos → emoções → sensações físicas → impulsos.

Esta atividade ajuda a aprimorar as habilidades pró-sociais por auxiliar a compreensão da natureza da mente, a reconhecer os fatos, a tomar consciência de que os pensamentos não são fatos reais e permitindo que você se liberte deles. Essa liberdade de ação nos possibilita tomar decisões mais responsáveis, sem prejulgamentos, com escolhas éticas baseadas na consciência e no cuidado – uma das competências do aprendizado socioemocional.

Mensagem da atividade

Nesse exercício, é possível perceber que as pessoas podem ter diferentes perspectivas sobre o mesmo evento, mediado pela valência da interpretação que emerge (negativa, neutra, positiva). A interpretação – em geral, um pensamento – tem, então, a capacidade de influenciar outros elementos associados à experiência (emoções, sensações físicas e impulsos), podendo refletir padrões habituais e individuais de reatividade. É possível refletir também sobre o fato de que interpretações negativas são capazes de aumentar o risco de desenvolvermos burnout, ou mesmo quadros de ansiedade e depressão. A prática de atenção plena pode nos tornar mais conscientes desse aspecto da natureza de nossa mente.

PRÁTICA DE SONS E PENSAMENTOS

Para ajudá-lo na caminhada de libertação dos pensamentos, convidamos você para a prática de sons pensamentos.

 www.editorasenacsp.com.br/livros/mind/sons.mp3  Duração do áudio 8
11:09

1. Encontre aos poucos uma postura que seja confortável (de preferência, sentada). Uma postura que sustente a sua prática por alguns minutos. Vá sentindo nesse momento o peso de seu corpo, sobre a almofada ou sobre a cadeira. Observe os lugares com os quais seu corpo faz contato. Observando as sensações de seu corpo e ao que está emergindo em sua experiência nesse momento com a intenção de permanecer consciente durante toda a prática.

2. Procure agora observar também sua respiração. Você pode notar se ela está lenta ou rápida, curta ou longa. Notando o tempo de inspiração e expiração. E, também, o movimento de seu corpo ao respirar. Abdome e tórax. Permaneça, então, consciente da sua respiração por mais alguns instantes.

3. Agora, quando estiver pronto, deixando a respiração como pano de fundo da sua experiência, traga a atenção para as sensações do corpo. Notando as sensações que possam estar presentes nesse momento. Como a sensação do toque, da pressão do corpo. Notando todas as diferentes sensações que possam estar presentes nesse momento. Como sensações de toque, pressão, formigamento, coceira, ou qualquer outra. Permaneça explorando essas sensações por alguns instantes. E se, eventualmente, você encontrar sensações

que sejam particularmente intensas, talvez você possa trazer a atenção para essas áreas, explorando com gentileza e curiosidade. Como essas sensações se manifestam? Elas variam com o tempo?

4. Continue a observar as sensações do corpo por mais alguns instantes. Aos poucos, vá deixando as sensações como pano de fundo da sua atenção, permitindo que a atenção agora se mova aos sons. Notando a sensação de ouvir. Percebendo os sons de dentro e de fora do corpo. Observando, se possível, as características dos sons: volume, tom, de que lado é mais vívido, se são contínuos ou transitórios. Notando os sons como fenômenos físicos que chegam naturalmente até os nossos ouvidos.

5. Caso você note que a mente se distraiu com a experiência de algum som, reoriente gentilmente a atenção para as sensações do corpo por alguns instantes, voltando a se abrir, aos poucos, aos sons. Talvez você perceba que a mente tem uma tendência natural a rotular os sons; a decidir se gosta ou não gosta deles. Veja, então, se é possível apenas ouvir os sons, sem pensar sobre eles ou rotulá-los.

6. Agora deixe os sons um pouco de lado e comece a repousar sua atenção no fluxo de sua mente. Pode ser que você note pensamentos ou pode ser que você note sua mente vazia. Veja se consegue notar o momento em que o próximo pensamento surge na sua mente. Observando quando surge e quando vai embora. E, quando eles surgirem, gentilmente, deixe-os passar. Não se prenda a nenhum deles.

7. Caso você deseje, ou seja útil para você, você pode começar a rotular, ou colocar um nome nos pensamentos, simplesmente dizendo "pensamento", "preocupação", "memória",

"plano", a cada um que surgir. Caso você perceba que sua mente se dispersou com os pensamentos, você sempre pode se reconectar ao momento presente, por meio de seu corpo ou de sua respiração. Veja se é possível observar os pensamentos como eventos mentais, não se deixando levar pelo conteúdo deles.

8. É natural que alguns desses pensamentos possam vir carregados de emoções. Apenas observe essa emoção. Onde você a sente. Como ela se manifesta em seu corpo. Veja se é possível olhar para elas com curiosidade e abertura. Em qual região do seu corpo elas aparecem. Que sensações elas trazem. Note e deixe passar naturalmente.

9. Nesse momento, tome consciência novamente de todo o seu corpo, de toda a sua experiência, das sensações da respiração, das sensações do corpo. Lentamente, vá se abrindo para o ambiente em que você se encontra e, aos poucos, finalize essa prática.

Mensagem da prática

O que você observou quando fez a prática de sons e pensamentos?

Provavelmente, quando você trouxe sua atenção para os pensamentos, notou que eles desapareceram. Ou pode ter havido um pensamento mais proeminente. Da mesma forma, quando voltou sua atenção aos sons, pode não ter percebido nenhum som específico ou pode ter notado sons que normalmente passam despercebidos.

Quando vivemos no piloto automático, vivemos em um fluxo incessante de informação e ruído. Os pensamentos se misturam, os sons se misturam, e nossa mente fica presa em uma tempestade de pensamentos que nos desorienta, e muitas vezes nos vemos imersos em um mar estressante. Sentimo-nos como náufragos no meio de um excesso de informação, perdidos em nossa própria mente.

Nossos pensamentos confundem nossa percepção da realidade e nos conduzem a uma cascata em que um pensamento vai levando ao outro, e nunca temos descanso. Nossa mente não para! Somos escravos de nossos próprios hábitos criados por nossa própria mente. Reféns de um roteiro.

As redes neurais conduzem os pensamentos por meio de pulsos elétricos momentâneos que passam por caminhos que evocam imagens já conhecidas e comportamentos condicionados; o novo e o velho se misturam e se completam em associações, e, se não estivermos conscientes, o fluxo de informação nos leva a sempre repetir os mesmos caminhos, presos em um roteiro de viagem pelos neurônios de um grande mapa, porém sempre na mesma rota, sem explorar e descobrir novos caminhos. Quando nos abrimos para uma maior consciência, vamos rumo ao novo, que está em nós mesmos, descobrimos uma maior conexão conosco, reencontramo-nos fora do roteiro do comum, na liberdade que nos aguarda fora do piloto automático, livre de hábitos limitantes, para fora da espiral dos pensamentos.

Como mencionado anteriormente, ao entender a natureza da mente, aprimoramos a autoconsciência.

Propostas de atividades para a semana 4

Lembre-se de seguir as orientações do capítulo 6 (ver páginas 97 a 102).

- Prática do movimento atento (áudio 7).

- Prática de sons e pensamentos (áudio 8).

- Faça um diário de autocuidado (modelo no Anexo 1; ver página 239) e registre.

Faça três vezes por semana a prática do movimento atento. Nos demais dias da semana, realize a prática de sons e pensamentos. Você também pode intercalar as práticas.

"Trabalhava naquela escola fazia vinte anos. Comecei como professora substituta e com o tempo me tornei diretora. No início, tive de resolver vários problemas, alunos indisciplinados, pais ausentes, professores encrenqueiros... Às vezes pensava em desistir, mas nesses momentos sempre aparecia o seu Rufino, um senhor simpático que fazia de tudo naquela escola. Ele era zelador e porteiro. Ele me ensinou como envolver os alunos num projeto para pintar a escola. E, depois da pintura, chamamos todas as famílias para uma festa. Todos gostavam do seu Rufino. Quando professores estavam brigando, sempre aparecia ele com um sorriso e uma garrafa térmica com um chazinho para acalmar os ânimos", conta Judite, a diretora.

"Era o dia do sarau do 3º ano do ensino médio, o dia mais esperado de todo o ano, quando todos confraternizavam e se despediam dos amigos. Nesse ano, a turma resolveu fazer uma homenagem ao personagem mais ilustre do colégio. O seu Rufino. Os alunos cantaram uma música usando bigode como o do seu Rufino, que tinha orgulho dele. Depois da homenagem, o seu Rufino foi no meio dos alunos e pegou o microfone para contar uma das piadas dele, que eram famosas. No meio da piada, a voz dele começou a ficar estranha, as palavras, enroladas, e ele caiu no chão. Ele teve um AVC. Passaram dias, meses, anos... o lugar do seu Rufino continua vazio para todos desse colégio."

CAPÍTULO 11

Sessão 5. Fazendo as pazes com as emoções

Colaboração: *José Carlos Fuscella*, Valéria Piassa Polizzi**, Odisséia Martins*** e David Wilson*****

> Impermanência é a verdadeira realidade bem na frente dos seus olhos. Não precisamos esperar por ensinamentos de outras pessoas, prova de alguma passagem da escritura ou algum princípio. Nasce de manhã e morre à tarde, a pessoa que vimos ontem não está mais aqui hoje – isso vemos com nossos olhos e ouvimos com nossos ouvidos. É o que também vemos e ouvimos de outras pessoas. Verifiquem em nossos próprios corpos e pensem na realidade – embora tenhamos a expectativa de viver 70 ou 80 anos, morremos quando tivermos que morrer.
>
> Coen Rōshi, monja zen-budista brasileira, séculos XX-XXI

---

* José Carlos Fuscella é professor de física do ensino médio e de curso pré-vestibular. Engenheiro civil pela Escola Politécnica da USP e psicólogo com especialização em mindfulness e saúde pela Unifesp. É coautor e instrutor do Programa MBHP-Educa.

** Valéria Piassa Polizzi é graduada em comunicação social pela Universidade Santa Cecilia (Unisanta) e especialista em prática da criação literária pela Universidade Cruzeiro do Sul (UNICSUL). Possui especialização em mindfulness pela Unifesp e extensão *on-line* em mindful educator essentials da Mindful Schools, Califórnia, Estados Unidos. É coautora e instrutora do Programa MBHP-Educa.

*** Odisséia Martins é farmacêutica-bioquimica pela Universidade do Oeste Paulista e especialista em manipulação magistral e qualidade pela Instituição Toledo de Ensino de Presidente Prudente. Possui formação em programação neurolinguística e em life & professional coaching. É também especialista em mindfulness pela Unifesp.

**** David Wilson é médico pela Escola Paulista de Medicina da Universidade Federal de São Paulo (EPM-Unifesp). Possui mestrado em genética molecular do comportamento pelo Instituto de Psiquiatria da Faculdade de Medicina da Universidade de São Paulo (FM-USP) e é doutorando em saúde coletiva pela EPM-Unifesp.

Lidando com as emoções

A aceitação não é uma tarefa fácil. Ela envolve a observação de sentimentos, sensações físicas e pensamentos desagradáveis sem tentar expulsá-los ou suprimi-los de nossa mente. O segredo é dar pequenos passos de cada vez; a aceitação é um processo. Quando uma situação "tira o nosso chão", por mais dolorosa que seja, temos de continuar. A vida segue. O tempo passa. É nossa escolha o modo como essa situação nos marcará.

Junto com o processo de aceitação, aprendemos a ser resilientes. Como alguém que perde tudo em um piscar de olhos e tem de recomeçar do nada. Não adianta sentar e apenas reclamar, ou aceitar passivamente e não fazer nada a partir daí. Aceitação é uma pausa; é um período de restabelecimento e de clareza. Ela permite que nos tornemos conscientes do sofrimento e nos dá oportunidade de desenvolver o autogerenciamento emocional como nenhuma outra situação na vida poderia nos dar. O importante não é nunca cair, mas, sempre que cair, reerguer-se. Se cair 100 vezes, colocar-se em pé 101 vezes, e mais forte.

A prática da respiração, sensações, sons e pensamentos nos convida a trazer situações desagradáveis à mente e, na sequência, observar como o corpo reage a elas. Essa observação nos leva de forma mais profunda àquilo que somos, mente-corpo-espírito, e permite uma maior sabedoria.

PRÁTICA DE RESPIRAÇÃO, SENSAÇÕES, SONS E PENSAMENTOS

 www.editorasenacsp.com.br/livros/mind/respiracaosensacoes.mp3  Duração do áudio 9
9:40

1. Encontre uma postura, de preferência sentada, que lhe seja confortável. Se está na cadeira, coloque seus pés apoiados no chão, com as pernas descruzadas. Gentilmente, feche os olhos, ou, se escolher deixá-los abertos, descanse seu olhar em algum lugar alguns metros à sua frente. Vá encontrando sua postura ereta, de maneira que esteja alerta, acordado e, também, relaxado.

2. Vá sentindo o peso do corpo sobre seu apoio. Observando os lugares em que seu corpo faz contato com o chão ou com a cadeira.

3. Talvez tire um momento para se relembrar de sua intenção de estar aqui e para se comprometer a estar presente, da melhor maneira que puder, durante esta prática. Relembrando-se gentilmente dessa intenção e desse comprometimento, quantas vezes você precisar.

4. Agora, vá liberando o que quer que sua mente possa ter trazido hoje para este encontro. Deixando de lado o passado ou os planejamentos e preocupações com o futuro. Por agora, seu trabalho é simplesmente repousar no presente, liberando os pensamentos quantas vezes forem necessárias e começando de novo, com atenção no momento presente.

5. Comece por simplesmente repousar sua atenção em sua respiração, as sensações de seu abdome enquanto o ar entra e sai de seu corpo. Observando o leve alongamento quando

seu abdome infla a cada inspiração, e o leve relaxamento com cada expiração. Focando sua atenção gentilmente e firmemente em cada inspiração e expiração. Observando as sensações da inspiração e da expiração, talvez as pequenas pausas entre elas. Não há necessidade de controlar ou mudar a respiração de nenhuma maneira – simplesmente observe seu corpo respirando. Quando sua atenção se distrair da respiração, apenas observe isso e gentilmente a guie de volta. Deixando passar e começando de novo, trazendo sua atenção para a respiração.

6. Agora, quando estiver pronto, deixando a respiração apenas no plano de fundo de sua experiência, traga sua atenção para as sensações de seu corpo. Notando todas as diferentes sensações que possam estar presentes neste momento, sensações de toque, pressão, formigamento, pulsação, coceira, ou qualquer outra... Gaste alguns momentos explorando essas sensações. Você pode escanear o corpo, desde os dedos dos pés até a cabeça, ou apenas se abrir a seu corpo como um todo, notando o que quer que surja, deixando sua atenção ir até aquela sensação. Se encontrar sensações que sejam particularmente intensas, talvez você possa trazer sua atenção para essas áreas e explorar com gentileza e curiosidade o padrão detalhado dessas sensações. Como as sensações se manifestam? Elas variam com o tempo? Continuando a observar as sensações de seu corpo por mais algum tempo.

7. Toda vez que você se der conta de que a atenção abandonou o corpo, aproveite a ocasião para perceber o que vai em sua mente. Em lugar de reprovar-se, é possível experimentar congratular-se, pois isso mostra que sua atenção permanece junto de sua experiência.

8. Recomeçando, quantas vezes forem necessárias. Isso é parte da prática, não é um desvio dela. Agora, quando estiver pronto, deixe que as sensações permaneçam apenas no plano de fundo de sua consciência, permitindo que sua atenção se mova aos sons. Notando a sensação de ouvir. Observando os sons de dentro e de fora de seu corpo. Observando a textura e o tom dos sons. Talvez ouvindo o som mais distante. Caso note que se distraiu da experiência de ouvir, guie gentilmente sua atenção para os sons novamente. Note que os sons surgem em sua experiência sem seu controle. Apenas note.

9. Vá deixando os sons apenas no plano de fundo de sua consciência, deixando sua atenção se mover a seus pensamentos. Veja se consegue notar o próximo pensamento surgir em sua mente. Observando cada pensamento à medida que ele surge e vai embora, notando quando eles surgem e gentilmente deixando-os ir. Observando a mente. Você pode tentar rotular ou nomear esse processo de pensar, simplesmente dizendo a você mesmo "pensamento" ou "pensando" cada vez que um pensamento surgir. Se notar que foi carregado por um pensamento ou uma história, apenas observe isso também e gentilmente deixe passar, retornando sua atenção para a consciência de que está pensando. Caso note que sua mente repetidamente se perde em seus pensamentos, você pode sempre se reconectar com o aqui e agora, ao trazer sua atenção aos movimentos de sua respiração. Continue praticando por alguns instantes.

10. Nesses momentos finais desta prática, reflita sobre como foi a prática para você hoje. Observando se houve algum julgamento sobre como você a fez ou até mesmo sobre quem você é. Confiando que, a cada momento que trazemos

nossa atenção para nossa experiência, a qualquer momento que paramos e temos a intenção de retornar ao presente, estamos nos nutrindo – cuidando de nós de uma maneira fundamental, não importando o que surja durante a prática ou o que nossa mente ou nosso corpo estão fazendo. Agora, quando estiver pronto, permita que sua consciência inclua este ambiente, gentilmente permitindo que ela inclua também as pessoas ao seu redor. Talvez tirando um momento para apreciar a si mesmo e aos outros, que praticaram com você. Quando estiver pronto, gentilmente permita que seus olhos se abram.

Mensagem da prática

Como comentado anteriormente (em outras práticas), o essencial da prática da respiração, sensações, sons e pensamentos é uma reconexão com o eu; permitir-se observar o que vem e vai, sem julgamentos e com aceitação, trabalhando a habilidade da autorregulação emocional e do autogerenciamento, inibindo o comportamento de esquiva e canalizando produtivamente os sentimentos.

Evitando o limiar da raiva

"Sabe aquele dia em que tudo está dando errado?", conta Dagoberto. "Na noite anterior, eu e a minha esposa tínhamos brigado feio, nosso casamento não estava dando certo já fazia algum tempo, mas havia as crianças, então tentávamos manter a aparência. Depois da briga, dormi mal. No dia seguinte, tinha uma reunião importante. No caminho para a escola, um motoqueiro bateu no retrovisor do meu carro novinho, que me

(cont.)

custou muito esforço. Cheguei na escola quase explodindo, queria sair correndo. Precisava conversar com o diretor e o pai de um aluno que havia agredido outro aluno. O pai nos ameaçou, disse que o filho estava certo em bater no colega. Pensei que precisaríamos até chamar a polícia. Eu fico extremamente irritado com essas coisas, porque vejo que o menino tem o exemplo da agressividade em casa, e outros sofrem as consequências."

Dagoberto prossegue: "Depois de sair da reunião, continuava irritado. Derrubei café no meu tênis novinho. No corredor, os alunos não paravam de gritar, parecia que naquele dia estavam mais agitados do que nunca. Cheguei na sala de aula do 9º ano, e na lousa havia uma caricatura minha tirando sarro de mim, da minha aparência, havia palavrões escritos, era a sala mais rebelde. Todos riram. Comecei a procurar o culpado, precisava mostrar para os alunos que as atitudes deles têm consequências. Quando me virei para a porta, senti um apagador voando na minha cabeça. Aí já era demais! Virei, e o encrenqueiro da sala estava em cima da mesa do professor. Fui lá e o peguei pelo pescoço, para levar até a diretoria. Ele me deu um soco, e os meus óculos voaram longe. Dei um golpe de jiu-jítsu e imobilizei o menino, segurando numa chave de braço. Aí eu gritei: 'Dá uma de palhaço agora, desgraçado!'. Quando me dei conta, tinha uma roda de alunos do 1º ano me observando. E eu tinha dado um péssimo exemplo para aquelas crianças, que não entenderam nada da minha atitude".

ATIVIDADE "TRÊS PASSOS EM PARES"

Para esta atividade, é necessária a presença de um instrutor ou facilitador.

1. Os participantes formam duplas.

2. Os participantes das duplas devem trazer à mente uma situação recente desafiadora, ou que tenha gerado algum grau de frustração dentro do ambiente escolar (sala de aula ou reuniões pedagógico-administrativas). Por exemplo, pequenos bate-bocas, atritos, respostas atravessadas. O intuito da atividade é entrar em contato com a experiência, e não a solucionar.

3. Ao toque de um sino pelo instrutor, os membros da dupla iniciam uma conversa sobre a situação desafiadora. Os participantes devem conversar cerca de 1 minuto. Após esse período, ao toque do sino, todos devem ficar em silêncio imediatamente.

4. Agora, os participantes realizam a prática dos três passos brevemente (ver página 146).

5. Ao término da prática, abre-se um espaço para partilha da experiência vivida durante a dinâmica, incluindo a vivência da prática dos três passos.

6. Novamente, ao final, realiza-se a prática dos três passos de forma breve, e se pode abrir um espaço de 1 a 2 minutos para que as duplas possam finalizar a conversa que foi interrompida.

ATIVIDADE "PERFIL DA RAIVA"

Após a atividade "Três passos em pares", os participantes devem escrever em uma folha de papel as respostas às perguntas abaixo.

1. Onde, em seu corpo, você sentiu raiva, emoção difícil ou frustração? Você consegue descrever o sentimento?

2. O que desencadeou a experiência?

3. Como sua emoção difícil, ou sua frustração, ou sentimentos similares de seus alunos afetam sua aula?

4. Se você pudesse representar em um gráfico como a intensidade de sua raiva (emoção difícil, frustração) varia em relação ao tempo (quando ela é mais forte ou mais fraca, quando ela aumenta ou diminui), qual seria o perfil de sua raiva? Faça um desenho como o mostrado na figura 11.1.

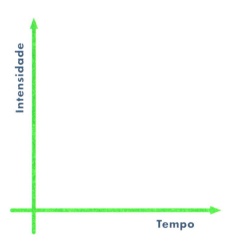

Figura 11.1 – Modelo para o perfil da raiva.
Fonte: adaptado do programa CARE for Teachers (JENNINGS, 2015).

Mensagem da atividade

As atividades "Três passos em pares" e "Perfil da raiva" nos incentivam a trazer a atenção para memórias desagradáveis. Quando evocamos as memórias, o conteúdo emocional emerge com elas. Sentimos algo semelhante ao estado emocional em que estávamos durante a aquisição dessas memórias – o momento em que os eventos dos quais nos lembramos aconteceram.

Quando evocamos essa memória aversiva e conseguimos ter uma consciência de que nossa mente sempre cria uma interpretação dos fatos, conseguimos dissociar a valência negativa da realidade. Olhamos por uma outra perspectiva, e, mesmo que a memória permaneça ruim, ela não mais nos afeta como antes. Deixamos de ser levados pela corrente de pensamentos ruminativos, pois nos permitimos dar uma ressignificação ao que ocorreu. Em toda experiência, sempre há uma lição a ser tirada.

A atividade "Três passos em pares" consistia em conversar livremente com o parceiro sobre uma história com valência emocional que possivelmente engajou aquele participante a contar todo o ocorrido com os detalhes da narrativa que corroboram seu ponto de vista. Com o toque do sino e o corte da fala, provavelmente muitos professores do grupo se sentiram frustrados e continuaram no fluxo de pensamentos da memória em sua mente, reprisando o evento e, em alguns casos, sofrendo novamente. Esse corte na fala é um exercício de atenção aos roteiros de nossa mente, pois muitas vezes precisamos de um estímulo externo (sino) que nos "acorde para a realidade" e iniba a ruminação da memória aversiva. A prática de mindfulness nos convida a aprimorar a habilidade de sermos nossos próprios sinos, romper a espiral que nos afunda mais e mais quando nos prendemos a pensamentos desadaptativos, sentimentos de valência negativa e memórias difíceis ou desafiadoras.

Conhecendo a superpotência da raiva

Nossas mentes foram construídas por meio de processos e mecanismos emocionais primários, que programaram sistemas de ação e comportamento com base na interpretação do ambiente e na avaliação do que está por vir. Tentamos sempre prever o que vai acontecer para planejar como enfrentaremos os desafios (se devemos sentir medo ou raiva). As emoções nos oferecem roteiros pré-programados de como agir, permitindo uma adaptação rápida para solucionar os problemas previstos. Esses roteiros são uma extensão da homeostase para previsão de qual será a próxima situação e onde novamente a homeostase será encontrada, um processo fundamental para a sobrevivência.

Nosso sistema nervoso central processa a informação emocional-afetiva de forma hierárquica. Inicialmente, por processos emocionais primários, intimamente ligados aos cinco sentidos (visão, audição, tato, paladar, olfato), bem como à propriocepção, à interocepção e à exterocepção. Em um segundo momento, por processos de aprendizado e memória. Em terceiro, por funções cognitivas mais complexas (linguagem, tomada de decisão, autogerenciamento e outras).

Os processos emocionais-afetivos regulam as ações emocionais incondicionadas (não aprendidas), que antecipam as necessidades e guiam os processos secundários via aprendizado associativo (condicionamentos que agregam estímulos, comportamentos e estados emocionais em uma mesma rede neural que, quando ativada por um desses elementos, traz à mente os outros elementos desse esquema mental). É o que mostra a figura 11.2.

O processo de aprendizado leva a informação desse esquema mental para regiões como o córtex pré-frontal. Intensa interação entre

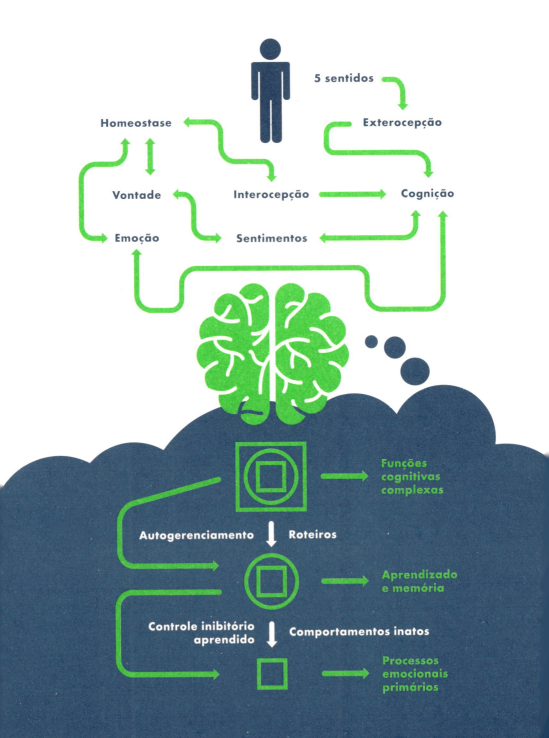

Figura 11.2 – Sensação, percepção e cognição das emoções.
Fonte: adaptado de Tyng et al. (2017).

hipocampo e córtex pré-frontal atua a fim de tornar as informações mais relevantes memórias mais duradouras, permitindo um planejamento do futuro baseado nas experiências passadas. Os neurônios codificam toda a nossa história em sua rede; as sinapses se modificam com o intenso fluxo de informação; os pulsos elétricos levam os pensamentos pela rede, neurônio a neurônio; a rede se modifica; nós nos modificamos. Como dizia o filósofo pré-socrático Heráclito de Éfeso, "é impossível entrar em um mesmo rio duas vezes", pois as águas são outras e nós, também. Novamente vemos, aqui, a maravilhosa neuroplasticidade em ação.

Retomando a história de Dagoberto e sua raiva – e complementando com o que vimos sobre emoções e memória do ponto de vista da neurociência –, vale observar a figura 11.3, que mostra o que aconteceu com Dagoberto.

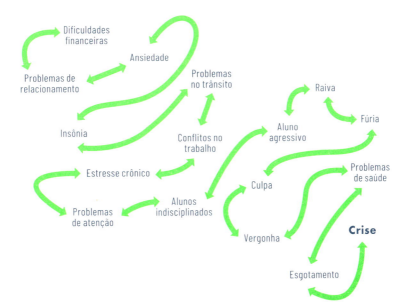

Figura 11.3 – Representação gráfica de crise emocional (com base no personagem Dagoberto).

A história de Dagoberto é um exemplo extremo de algo que qualquer um de nós pode sofrer um dia caso deixemos nossa vida à mercê de emoções e de nosso piloto automático. Alguns passos durante um longo tempo, e Dagoberto foi permitindo que sua rotina incessante o puxasse para baixo.

Muito antes de se tornar professor, ele já possuía pensamentos desadaptativos sobre si mesmo. Sua incansável autocrítica e os pensamentos pejorativos sobre si mesmo o acompanhavam desde a adolescência. Aprendeu quando criança que meninos não podiam expressar suas emoções, que tinha de ser macho, que não podia chorar. Também que pedir ajuda era sinal de fraqueza. Engravidou sua namorada, casaram, e as brigas logo começaram. Contudo, por causa dos filhos, o relacionamento foi durando.

Na escola, era professor de educação física, mas às vezes entrava como professor substituto de outro componente curricular. Tinha dois empregos para conseguir pagar as contas. Não cuidava de sua saúde e logo ganhou peso, pressão e colesterol altos. Sofria crises de ansiedade, mas não buscava ajuda porque, como dito antes, isso significava fraqueza. Sua frustração só aumentava, pois seu sonho de adolescente, que era ser lutador profissional de jiu-jítsu, fora interrompido porque teve de começar a trabalhar cedo.

Quando os alunos fizeram uma caricatura sua na lousa debochando de seu peso, Dagoberto logo acionou seu roteiro de raiva e insatisfação consigo mesmo. Toda a energia armazenada das frustrações vividas por ele de repente encontrou seu estopim para a explosão. Sem perceber, a falta de aceitação e de autocuidado de Dagoberto fez com que ele fosse levado dia a dia para mais fundo de uma espiral, aproximando-se cada vez mais de uma crise sem estar consciente disso.

ATIVIDADE "O QUE ACIONA VOCÊ?"

Pegue uma folha de papel e um lápis, para responder às questões a seguir.

Essa atividade também pode ser realizada em grupo. Cada professor recebe uma folha e um lápis e responde às perguntas.

1. Quando foi a última vez que você se lembra de ter saído do sério com alguma situação no trabalho?

2. Cite uma situação em que você sentiu culpa.

3. Qual o pior comportamento que um aluno já teve em relação a você? Ao se lembrar dessa situação, o que você sente nesse momento? Você acha que, se fosse hoje, você teria agido da mesma maneira com esse aluno?

4. Como você acha que pode trabalhar a consciência das emoções e o autogerenciamento em sala de aula com seus alunos?

Mensagem da atividade

Nesse exercício, podemos nos aprofundar um pouco mais na percepção e no autoconhecimento sobre "situações-gatilho" que nos levam a uma maior reatividade ou impulsividade na sala de aula. Identificar e reconhecer tais situações, que podem ter padrões individuais, ajudam-nos a compreendê-las no contexto em que são geradas, validando-as e, ao mesmo tempo, abrindo um espaço para que sejam vivenciadas desde uma perspectiva mais consciente (por exemplo, aplicando a prática dos três passos no momento em que percebamos que estão emergindo).

PRÁTICA DOS TRÊS PASSOS

 www.editorasenacsp.com.br/livros/mind/trespassos.mp3

O roteiro da prática está descrito no capítulo 9 (ver página 146). Conforme dissemos anteriormente, ela permite que você realize uma pausa em seu dia a dia, auxiliando-o a se recuperar e se ancorar no momento presente.

 Propostas de atividades para a semana 5

Lembre-se de seguir as orientações do capítulo 6 (ver páginas 97 a 102).

- Prática da respiração, sensações, sons e pensamentos (áudio 9).
- Prática dos três passos (áudio 6).
- Faça um diário de autocuidado (modelo no Anexo 1; ver página 239) e registre.

José é professor de matemática. Certo dia, ao corrigir as provas do 9º ano, teve uma surpresa: um de seus alunos mais dedicados, aquele que estava sempre atento às aulas e fazia a lição de casa, havia tirado zero na prova. Preocupado, foi perguntar a Pedro se ele estava com alguma dúvida sobre a matéria que justificasse aquela nota ruim. Pedro, que sempre era gentil, respondeu grosseiramente e se afastou do professor, jogando a prova no chão e gritando. José, então, se viu diante de uma indecisão: gritar com Pedro ou repreender seu comportamento sem alterar a voz.

CAPÍTULO 12

Sessão 6. Comunicação compassiva

Colaboração: *José Carlos Fuscella*, Valéria Piassa Polizzi*** e *Odisséia Martins****

> Compaixão é o desejo de que os outros
> se libertem do sofrimento.
>
> Dalai-Lama, monge e lama,
> líder espiritual do budismo tibetano, séculos XX-XXI

---

* José Carlos Fuscella é professor de física do ensino médio e de curso pré-vestibular. Engenheiro civil pela Escola Politécnica da USP e psicólogo com especialização em mindfulness e saúde pela Unifesp. É coautor e instrutor do Programa MBHP-Educa.

** Valéria Piassa Polizzi é graduada em comunicação social pela Universidade Santa Cecília (Unisanta) e especialista em prática da criação literária pela Universidade Cruzeiro do Sul (UNICSUL). Possui especialização em mindfulness pela Unifesp e extensão *on-line* em mindful educator essentials da Mindful Schools, Califórnia, Estados Unidos. É coautora e instrutora do Programa MBHP-Educa.

*** Odisséia Martins é farmacêutica-bioquímica pela Universidade do Oeste Paulista e especialista em manipulação magistral e qualidade pela Instituição Toledo de Ensino de Presidente Prudente. Possui formação em programação neurolinguística e em life & professional coaching. É também especialista em mindfulness pela Unifesp.

A potência da fala

Quantos de nós, muitas vezes, em uma situação como a de José, somos tirados do sério e, sem pensar, falamos algo que machuca o outro, sem termos consciência disso?

Agora, convidamos você a fazer a atividade a seguir.

ATIVIDADE "RECONHECENDO A POTÊNCIA DA FALA"

Para esta atividade é necessária a presença de um instrutor ou facilitador.

Os participantes são divididos em dois grupos. Um fica na sala, e o outro sai com o instrutor. Explica-se aos integrantes deste grupo (o que saiu) que eles deverão dirigir às pessoas que ficaram na sala palavras ou votos positivos, como "desejo que você esteja bem", "espero que você consiga vencer seu sofrimento", "que esteja em paz", etc.

O instrutor volta à sala e pede ao grupo para entrar no estado meditativo (em pé, de olhos fechados), orientando que eles percebam, em termos de sensações físicas, mentais e emocionais, o que sentem quando escutam as palavras proferidas pelo grupo que está do lado de fora. Logo, os participantes entram, chegam bem perto dos colegas e começam a falar ao ouvido de todos os que estão meditando, um a um.

Em seguida, os grupos se revezam: as pessoas que estavam dentro da sala saem com o instrutor. Explica-se que agora eles também proferirão palavras, porém de sentido negativo (solicita-se que não falem nada pessoal, mas apenas questões gerais, como "há muita fome no mundo", "neste momento, muitas pessoas estão sofrendo", "existem pessoas que estão aflitas", etc.).

Dá-se um tempo para que os membros que agora escutaram essas proposições possam também perceber como estão em termos de emoções, sensações e pensamentos.

Em seguida, é feita uma partilha com todos. O intuito é mostrar como usar a palavra habilmente, para levar o outro ao florescimento, em vez de lhe causar dano com a fala. Na educação, isso é muito importante, para nos conscientizarmos de como falar positiva e compassivamente com alunos e colegas de trabalho.

Escuta atenta e fala compassiva

> "Eu conheço o Pedro; algo devia ter acontecido para ele agir daquela maneira. Minha vontade naquele momento foi de brigar com ele, de pegar pelo braço... mas olhei nos olhos dele, e logo a minha agressividade foi se amenizando", conta José.
>
> Pedro esperava que o professor gritasse e o levasse para a diretoria, mas aconteceu diferente. "O professor Zé me olhou nos olhos profundamente, me assustei, achei que ele fosse me segurar... Mais uma vez eu decepcionando uma pessoa que eu admirava! Mas, não, o olhar de raiva dele se transformou em um sorriso acolhedor. Aí eu comecei a chorar e quis pedir perdão por tudo! Falando que era tudo minha culpa."
>
> Pedro tinha perdido o avô naquela semana. Na semana anterior, na última conversa com seu querido vô, ele havia sido grosseiro e não tivera oportunidade de pedir desculpas. Aluno e professor se abraçaram. Pedro contou tudo para José.

Na história, podemos observar duas questões importantes. A primeira é a de Pedro com seu avô. Por um motivo sem importância, o menino havia dito palavras bem rudes a ele, deixando-o aborrecido, porém Pedro só percebeu que suas palavras foram negativas quando não tinha mais como repará-las. Ele sentia culpa, pois não havia oportunidade da reconciliação.

Assim como Pedro, muitas vezes, no calor do momento, nós dizemos palavras sem ter consciência dos efeitos que elas terão no outro. Por meio da prática de mindfulness, aprendemos a estar mais atentos a nós mesmos e ao outro e, assim, praticar tanto a escuta atenta (*mindful listening*) como a fala compassiva, dirigida a nós mesmos e aos outros. Ao praticarmos a escuta atenta e a fala compassiva, aprimoramos as habilidades relacionais.

Outra habilidade relacional é o gerenciamento de conflitos, o que podemos observar na atitude de José em meio à discussão com Pedro. No lugar de responder com agressividade (potência), estava plenamente consciente do momento presente e pôde gerenciar suas emoções, exercer seu controle inibitório e promover sua consciência social (entender que Pedro não era assim e que existia um porquê de ele estar agindo daquela maneira – empatia).

Compaixão

A segunda questão relevante dessa história pode se resumir àquela fala de Pedro: "O olhar de raiva dele se transformou em um sorriso acolhedor". José entrou em sintonia afetiva com Pedro e pôde sentir o sofrimento do aluno. Podemos dizer que a compaixão é exatamente ver o sofrimento alheio e querer aliviá-lo.

Kabat-Zinn (2005, p. 169), ao tratar sobre a meditação da bondade amorosa (às vezes conhecida como prática da compaixão), diz:

"Se, neste processo, você achar que esta prática o incentiva a agir de forma diferente no mundo, depois deixe que essas ações personifiquem também a bondade amorosa e mindfulness".

Para reforçar o sentimento de estar conectado ao mundo e a todos os seres, propomos a prática a seguir.

PRÁTICA DA COMUNICAÇÃO COMPASSIVA

  www.editorasenacsp.com.br/livros/mind/comunicacao.mp3

 Duração do áudio 10
5:49

1. Inicialmente, realize de forma breve aquilo que chamamos de prática de aterrissagem. Ou seja: note o ambiente em que se encontra, as sensações físicas (sons, temperatura, pontos de contato do corpo), os pensamentos e as emoções presentes neste momento. Tenha abertura e curiosidade. Não é preciso alterar nada.

2. Traga à sua mente uma situação na qual vivenciou um diálogo amistoso com um aluno ou um colega de trabalho. Pode ter sido em qualquer momento de sua vida. Apenas perceba como foram suas palavras e também as da pessoa com quem conversou. Observe que sensações são evocadas. Também note quais pensamentos você experiencia e quais sentimentos são perceptíveis agora.

3. Em seguida, leve sua atenção a outro tipo de situação: um momento em que teve um diálogo desafiador com um colega ou um aluno. Procure perceber que tipo de palavras usou. Pode ser que tenha dito e ouvido palavras ofensivas ou ásperas. Note como está seu estado mental e emocional.

Somente traga a consciência àquilo que você pode observar. Reconheça tudo o que aparece relacionado a esse evento.

4. Agora, coloque a mão no peito, na altura do coração, percebendo como o tórax infla e desinfla à medida que você inala e exala o ar. Sinta isso por alguns instantes. Nossas palavras podem gerar tanto estados de paz como situações de sofrimento, para nós e para os outros. A pessoa com quem teve um diálogo amistoso, aquela com quem o diálogo foi desafiador e você são pessoas distintas, mas com muitas semelhanças: todos tentamos dar o melhor de nós mesmos e procuramos evitar os estados de sofrimento. Talvez esse senso de humanidade nos aproxime a todos. Afeto, empatia, compaixão e amabilidade podem ser compartilhados.

5. Traga novamente a imagem das duas pessoas que você imaginou. Se se sentir preparado, dirija a ambas e a você mesmo, mentalmente, palavras e votos positivos, como "que nós estejamos em paz, bem, felizes, sem aflições; que tenhamos uma vida plena". Caso queira, você pode desejar outros bons votos.

6. Perceba como se encontra agora, neste momento. E, chegando ao final desta prática, quando quiser, pode fazer os movimentos que seu corpo necessitar e, então, abrir os olhos.

Mensagem da prática

Muitas vezes, dizemos palavras rudes, negativas e até violentas para nós mesmos e para as pessoas com quem convivemos, e o resultado disso geralmente é também negativo. Estudos confirmam que o problema é o tom usado e as emoções negativas associadas à autocrítica (muitas vezes, o diálogo interno negativo e autocrítico pode favorecer o aparecimento da depressão).

A prática da compaixão nos convida a aprimorar a autoconsciência e a autopercepção, bem como as habilidades relacionais, como diálogo atento e gerenciamento de conflitos.

De acordo com o Dalai-Lama (2002, p. 73), "compaixão é o desejo de que os outros se libertem do sofrimento". A compaixão se associa também à amorosidade, que é querer o bem de todos os seres, incluindo nosso próprio bem-estar.

Agora, em uma folha de papel, escreva tudo o que tenha observado de sua experiência nesta prática. Caso esteja em grupo, compartilhe sua escrita.

PRÁTICA DA COMPAIXÃO – BONDADE AMOROSA

 www.editorasenacsp.com.br/
livros/mind/compaixao.mp3

 Duração do áudio 11
11:25

1. Adotando uma posição confortável, sentada ou deitada, feche os olhos e deixe o corpo se estabilizar nessa posição. Se preferir, comece por uma breve "aterrissagem", conectando-se com o corpo e com a respiração, por alguns instantes.

2. Pouco a pouco, veja se é possível imaginar, trazer à mente, que você está fazendo uma prática da atenção plena no corpo e na respiração sozinho, sentado em lugar de sua preferência, permanecendo nesse estado por algum tempo.

3. Tendo essa imagem em mente, lentamente comece a tomar consciência de sua própria condição humana, como se fosse um observador externo de você mesmo, mantendo uma

atitude não crítica, suave e amável sobre si mesmo (assim como fazemos com as crianças). Explore, se possível, por alguns momentos, suas angústias, seus medos, suas fragilidades e imperfeições; da mesma maneira, seus êxitos, momentos felizes e agradáveis. Consciente de sua própria condição humana, se puder, imagine internamente frases amáveis para você mesmo ("que eu esteja em paz", "que eu seja feliz", "que tudo saia bem"). Permaneça nesse estado durante algum tempo e perceba as sensações em seu corpo.

4. Imagine agora, se possível, que uma pessoa com quem você tenha uma relação fraternal (um amigo ou uma amiga) venha e se sente ao seu lado, também começando uma prática de atenção plena no corpo e na respiração. Assim como você fez com você mesmo, tome consciência da condição humana de seu amigo ou de sua amiga, mantendo também uma atitude não crítica, curiosa e amável. Explore o fato de seu amigo ou de sua amiga, assim como você, ter momentos de angústia, medos, fragilidades e imperfeições, como também momentos de êxito, momentos felizes e agradáveis. Se puder, imagine também frases amáveis para seu amigo ou sua amiga ("que esteja em paz", "que seja feliz", "que tudo saia bem"). Permaneça nesse estado durante alguns instantes, percebendo as sensações em seu corpo, e, então, imagine que seu amigo ou sua amiga se despede de você, deixando-o sozinho mais uma vez.

5. Agora, traga à mente uma pessoa neutra. Alguém que você tenha visto, ou veja de vez em quando, mas cuja vida você não conhece. Imagine, então, que essa pessoa neutra venha e se sente ao seu lado, também começando uma prática de atenção plena no corpo e na respiração. Então, tome consciência da condição humana dessa pessoa, mantendo uma

atitude não crítica e curiosa. Explore o fato de que essa pessoa, que você pouco conhece, assim como todos nós, tem momentos de angústia, medos, dificuldades e imperfeições, assim como êxitos, momentos felizes e agradáveis. Se puder, imagine frases amáveis para essa pessoa ("que tudo saia bem", "que esteja em paz", "que seja feliz"). Permaneça nesse estado por alguns instantes, percebendo seu corpo. Então, imagine que essa pessoa se despede de você, deixando-o sozinho mais uma vez.

6. Imagine então, se possível, uma pessoa com quem você tenha alguma desavença ou algum conflito. Algo leve, pequeno. Então, imagine que essa pessoa também se aproxime de você e se sente ao seu lado, começando uma prática de atenção plena no corpo e na respiração. Se possível, aos poucos, tome consciência da condição humana dessa pessoa, mantendo uma atitude não crítica, curiosa e amável. Explore o fato de que essa pessoa, assim como você e como todos nós, tem momentos de angústia, medos, dificuldades, fragilidades, como também momentos felizes, de êxitos e agradáveis. Se puder e quiser, imagine também frases amáveis para essa pessoa ("que ela esteja bem", "que ela esteja em paz", "que ela esteja feliz"). Permaneça nesse estado por alguns instantes, percebendo as sensações em seu corpo. Imagine que também essa pessoa se despede de você, deixando-o sozinho novamente.

7. Agora se imagine em um círculo de amigos. E vá estendendo esse círculo, incluindo pessoas de sua família, do trabalho, vizinhos... quem você quiser. Se puder, imagine frases amáveis para todos, incluindo você mesmo ("que estejamos em paz", "que sejamos felizes", "que possamos viver em harmonia").

8. Imagine, então, se quiser, que esse círculo vai se expandindo, incluindo todo o seu bairro, os bairros vizinhos, a cidade. Se puder, imagine também frases amáveis para todos de sua cidade ("que estejam em paz", "que estejam felizes", "que possam viver em harmonia").

9. Amplie, então, um pouco mais o círculo, incluindo o seu estado, outros estados, o nosso país e outros países, se quiser. Incluindo todas as pessoas que vivem neles. Mentalize as frases amáveis ("que nós estejamos em paz", "que nós sejamos felizes", "que possamos viver em harmonia").

10. Permaneça nesse estado por mais alguns instantes e, aos poucos, vá trazendo novamente a atenção para as sensações de seu corpo e, lentamente, aos poucos, vá terminando a prática.

Mensagem da prática

Nessa prática, treinamos nossa mente, ou consciência, para uma atitude empática e compassiva em relação a você mesmo e aos outros.

É nesse sentido que podemos chamá-la também de meditação da compaixão ou bondade amorosa, entendendo compaixão também como aceitação não crítica ou não julgadora do outro e de nós mesmos (equanimidade), independentemente das relações emocionais construídas (ou não) ao longo do tempo.

Dois elementos da prática facilitam esse processo:

→ **humanidade compartilhada:** vem da ideia de que o sofrimento ou mal-estar é parte da natureza humana, sendo universal (e não pessoal). Exploramos esse elemento ao reconhecermos que nossa "condição humana" e a do outro, mesmo em situação de conflito, são semelhantes, compartilhadas, gerando a percepção de vinculação, afiliação.

→ **consciência amorosa ou desejo de aliviar o sofrimento:** exploramos esse aspecto ao exercitarmos, internamente, as frases de bons votos.

Assim, a compaixão e a comunicação compassiva, que podem ser treinadas e cultivadas por exercícios como os que foram apresentados neste capítulo, podem promover, no ambiente escolar, bem-estar, melhora da saúde física e mental e aprimoramento das habilidades pró-sociais.

Propostas de atividades para a semana 6

Lembre-se de seguir as orientações do capítulo 6 (ver páginas 97 a 102).

- Prática da comunicação compassiva (áudio 10).

- Prática da compaixão – bondade amorosa (áudio 11).

- Faça um diário de autocuidado (modelo no Anexo 1; ver página 239) e registre.

Faça a prática da compaixão – bondade amorosa três vezes por semana. Nos demais dias da semana, reveja e pratique as práticas anteriores. Você também pode intercalar as práticas.

Frederico é um professor jovem, agitado e entusiasmado. Dá aulas de ciências e sempre tenta trazer para a sala algum experimento caseiro que possa ajudar na prática, a fim de os alunos entenderem o conteúdo. Certo dia, após uma semana longa de trabalho, estava em sua casa, exausto, após encerrar as atividades do dia, procurando algo para ver na TV, para relaxar. Chovia muito forte, e a rede elétrica caiu, deixando Frederico no escuro e em silêncio. O celular estava com a bateria no fim, e o *notebook* não funcionava mais sem a tomada. Frederico nunca estava em silêncio, sempre tinha algo ao fundo ligado para, nas palavras dele, "dar o clima" à sua atividade, independentemente de qual fosse. No mínimo, estava assobiando ou cantarolando algo. Sua mente não parava também; um fluxo incessante de pensamentos sempre o acompanhava.

"Naquela noite, ficar no escuro e em silêncio foi perturbador", conta Frederico. "A semana tinha sido muito estressante, cheia de problemas, e a semana seguinte seria, no mínimo, igual. Ou pior. Uma voz interna ficava o tempo todo me lembrando dos conflitos e das discussões que me haviam estressado. Cada dia se repetindo como um filme, e uma voz de autocobrança me culpando. Tudo o que eu não tinha dado conta de fazer. E já antecipava o sofrimento da semana seguinte... o resumo daquela noite foi angústia. Ficar sozinho no escuro e em silêncio foi desolador. Meus pensamentos me massacraram, e fui dormir por exaustão às quatro da manhã. Algo precisa mudar em minha vida! Não aguento mais!"

CAPÍTULO 13

Sessão 7. Cultivando o silêncio

Colaboração: *José Carlos Fuscella* e Valéria Piassa Polizzi***

> O silêncio é um amigo que nunca trai.
>
> Confúcio, filósofo chinês, séculos XV-XVI

---

* José Carlos Fuscella é professor de física do ensino médio e de curso pré-vestibular. Engenheiro civil pela Escola Politécnica da USP e psicólogo com especialização em mindfulness e saúde pela Unifesp. É coautor e instrutor do Programa MBHP-Educa.
** Valéria Piassa Polizzi é graduada em comunicação social pela Universidade Santa Cecília (Unisanta) e especialista em prática da criação literária pela Universidade Cruzeiro do Sul (UNICSUL). Possui especialização em mindfulness pela Unifesp e extensão *on-line* em mindful educator essentials da Mindful Schools, Califórnia, Estados Unidos. É coautora e instrutora do Programa MBHP-Educa.

A prática do silêncio

Muitas vezes estamos calados, porém percebemos uma infinidade de vozes internas, de diálogos intermináveis na mente. Monja Coen (2006, p. 101) fala que muitas vezes nos assustamos "com a quantidade de seres que habitam em nós".

Isso é muito comum quando nos deitamos à noite para dormir: apesar de cansados, não conseguimos pegar no sono em razão dos inúmeros pensamentos que nos rondam internamente. Se silenciar a fala já não é tarefa fácil, permitir que a mente se acalme pode parecer muito desafiador.

Entretanto, a aplicação regular da consciência plena propicia o descentramento dos pensamentos, em que passamos a observá-los desde a perspectiva de uma "testemunha compassiva" (CAMPAYO; DEMARZO, 2018, p. 250), sem, necessariamente, estarmos condicionados por eles o tempo todo.

O cultivo do silêncio pode ser um aliado das práticas formais de mindfulness, pois, quando nos silenciamos voluntariamente, podemos mais facilmente perceber as distrações e voltar ao foco meditativo, seja ele qual for.

Mas fato é que, atualmente, muitas vezes nos sentimos incomodados com o silêncio. Susan Bauer-Wu lembra:

> De um modo geral, o silêncio não é valorizado em nossa sociedade e, de fato, raramente é praticado na vida diária. Sempre que há uma pausa durante uma conversa é muito comum as pessoas tentarem preenchê-la rapidamente com palavras, por puro condicionamento, ou por sentirem-se incomodadas, ou preferirem manter uma distância emocional. (Bauer-Wu, 2014, p. 169)

Por outro lado, nas tradições contemplativas, o silêncio é bastante valorizado. No zen-budismo, por exemplo, nos dias de retiro, os participantes permanecem silenciosos. Monja Coen (2015, p. 210) postula: "Quando penetramos o silêncio sagrado, nos tornamos capazes de estar plenamente presentes e disponíveis a cada momento".

A tradição do monge budista Thich Nhat Hanh oferta cursos e retiros de mindfulness para quaisquer pessoas interessadas em conhecer a consciência plena. Ele conta que, durante os retiros dos centros de Plum Village,[1] "um período de silêncio profundo é observado desde o final da sessão noturna de meditação sentada até depois do desjejum na manhã seguinte" (HANH, 2013, p. 134). Sua orientação é de que o silêncio não seja gerado fora de nossas atividades, mas dentro delas, em um convite para que a consciência plena seja incorporada na prática do cotidiano.

Professores têm, não raramente, uma exaustiva carga de trabalho, configurada por uma série de tarefas executadas fora da instituição escolar, como preparação de material, correção de atividades de alunos, leituras prévias de conteúdos que serão tratados em aulas futuras. Esse "trabalho invisível", somado aos horários em que estão ministrando as aulas, carrega consigo exigências de ordem física, mental e emocional. Diante disso, momentos de silêncio podem aliviar um pouco esse desgaste.

No MBHP-Educa, na Semana 7, todas as práticas são realizadas em silêncio, havendo apenas a condução dos instrutores. Todos os participantes entram em silêncio, praticam em silêncio e saem em silêncio. Ao final, são convidados a fazerem uma reflexão no sentido

---

[1] Plum Village foi o mosteiro originalmente fundado por Thich Nhat Hahn em 1982, no sul da França. Atualmente, há vários outros centros de prática espalhados pelo mundo que seguem a tradição desse monge vietnamita.

de gerar apreciação por si mesmos pelo fato de terem dedicado o tempo à prática e ao maior contato com sua dimensão interna.

Da mesma maneira, a sessão em silêncio pode ser feita de maneira autoinstrucional, com o apoio dos áudios disponibilizados neste livro, simplesmente reservando um espaço de duas horas na agenda e um lugar adequado para tal. Caso duas horas não sejam viáveis, podem ser divididas – por exemplo, em dois períodos de uma hora.

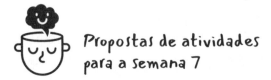

Propostas de atividades para a semana 7

Lembre-se de seguir as orientações do capítulo 6 (ver páginas 197 a 102).

- Prática do escaneamento corporal com relaxamento progressivo (áudio 2).
- Prática da sensação desprazerosa e prazerosa (áudio 5).
- Prática do movimento atento (áudio 7).
- Prática da respiração, sensações, sons e pensamentos (áudio 9).
- Prática da comunicação compassiva (áudio 10).
- Prática da compaixão – bondade amorosa (áudio 11).
- Faça um diário de autocuidado (modelo no Anexo 1; ver página 239) e registre.

Alterne os exercícios acima, praticando pelo menos seis vezes por semana. Você também pode intercalar as práticas.

Você deve ter notado que sempre temos uma história no início de nossas sessões e que elas nunca têm um desfecho. Talvez por isso possa parecer que elas estão inconclusas. Ou que talvez elas só sirvam para ocupar espaço e você sinta vontade de pulá-las para ir logo ao que "interessa". Mas o que interessa? O que elas têm em comum? O que elas têm a nos dizer hoje? Por que tantas histórias? Ana no piloto automático. Maria com esgotamento profissional. Carmelita exausta. Judite enlutada. Dagoberto frustrado. José reflexivo. Frederico inquieto.

Essas histórias fictícias poderiam facilmente ser a realidade de alguém que está lendo este livro. E, tudo bem, não há problema algum se você se identificou com um ou com todos os personagens. Nossa intenção era apenas criar um momento de reflexão e ilustração. Retorne, se desejar, à história de cada um. Quais são as lições que você pode tirar delas?

CAPÍTULO 14

Sessão 8. O despertar da consciência

Colaboração: *José Carlos Fuscella* e Valéria Piassa Polizzi***

> O sábio, ao acordar, chamou seu assistente:
> "Tive um sonho". O assistente trouxe a bacia
> para o sábio lavar o rosto. Vivemos dentro de um sonho.
> Quando acordaremos? O que é o despertar? Lavar o rosto.
>
> Coen Rôshi, monja zen-budista brasileira, séculos XX-XXI

---

* José Carlos Fuscella é professor de física do ensino médio e de curso pré-vestibular. Engenheiro civil pela Escola Politécnica da USP e psicólogo com especialização em mindfulness e saúde pela Unifesp. É coautor e instrutor do Programa MBHP-Educa.
** Valéria Piassa Polizzi é graduada em comunicação social pela Universidade Santa Cecilia (Unisanta) e especialista em prática da criação literária pela Universidade Cruzeiro do Sul (UNICSUL). Possui especialização em mindfulness pela Unifesp e extensão *on-line* em mindful educator essentials da Mindful Schools, Califórnia, Estados Unidos. É coautora e instrutora do Programa MBHP-Educa.

Mindfulness para a vida

Voltando ao cultivo das habilidades socioemocionais, para cada personagem, quais habilidades podem fazer diferença no desfecho de cada história?

Prosseguindo nessa reflexão, quais habilidades você consegue observar em você mesmo? Quais habilidades você aprimorou ao realizar as práticas? Quais habilidades você deve cultivar a partir de hoje para mudar o desfecho de sua história?

O que todos os personagens têm em comum?

Se você esteve atento, terá percebido que todos eles deixaram de cuidar de si a partir de várias pequenas atitudes. Como na alimentação ou na atividade física, por exemplo. Quando temos a agenda lotada, são as primeiras coisas que "deixamos para lá". Essa tentativa de "ser forte" e "deixar para lá" pode ter graves consequências na saúde. Ninguém desenvolve o burnout da noite para o dia; são decisões que tomamos pelo piloto automático durante um longo período que provocam o estresse crônico e nos levam à crise.

Que tal fazermos a prática da autocompaixão?[1]

PRÁTICA DA AUTOCOMPAIXÃO

www.editorasenacsp.com.br/livros/mind/autocompaixao.mp3

Duração do áudio 12
6:59

---

[1] Os passos desta prática foram adaptados de Neff e Germer (2018).

1. Neste momento, tome consciência de seu corpo. Encontrando uma postura que ajude a sustentar a prática. Uma postura alerta, com a coluna ereta e confortável. Vá tomando consciência de seu corpo sentado nessa posição. Simplesmente estando presente. Momento a momento.

2. Quando estiver pronto, observe sua respiração. E apenas escolha um ponto em seu corpo no qual você possa observar a inspiração e a expiração. Onde ela está mais proeminente. O fluxo natural de sua respiração. Deixando que ela se regule sozinha. Cada vez entrando mais em contato com você.

3. Sinta sua presença. O que é ser você neste momento. E, quando estiver pronto, você pode fazer uma breve retrospectiva de toda a sua a vida até aqui. Tentando lembrar tudo que tornou você a pessoa que você é hoje. Tome consciência de sua própria condição humana. Como observador, em uma atitude não crítica e mais amável e suave sobre si mesmo. Os êxitos que conseguiu. As dificuldades que enfrentou. As pessoas com quem conviveu. Tudo isso foi transformando-o na pessoa que você é hoje. Talvez notando suas limitações, o que não deixa de fazer você uma pessoa perfeita em sua natureza.

4. Observe o que está presente neste momento: seus pensamentos, emoções, suas sensações. Toda a sua história fez você uma pessoa única. Perfeita em sua natureza. Assim como todos, você tem desejos, planos, medos, dificuldades.

5. E, quando estiver pronto, deseje a você, de forma genuína, bons votos mentalmente ("que eu tenha momentos felizes", "que eu esteja bem", "que eu esteja em paz", "que eu me sinta seguro"). Ou qualquer outra coisa, mas de forma amável. Que façam sentido para você nesse momento. Observe

como é desejar a você mesmo esses votos, que sensações surgem. Emoções. Acolha tudo o que surja.

6. E, com essa atitude de gentileza, compaixão e carinho, esteja presente em seu corpo por mais alguns instantes. Observe calmamente. Observe sua respiração. Vá trazendo sua atenção para seu corpo nessa posição. Para o que estiver emergindo. E gentilmente vá dando um ponto de término à sua prática.

Mensagem da prática

O cultivo da autocompaixão promove uma aceitação serena de nossas próprias fraquezas e falhas. Aceitação que nos preserva da tentação de nos autocriticar pelo que somos, sem o sentimento de repulsa, sem adotar uma imagem negativa de nós mesmos. A autocompaixão é o catalisador para a expansão da compaixão, para o aprimoramento das habilidades relacionais e da consciência social.

Árvore do aprendizado

Nossa mente nos leva a uma viagem de um pensamento para outro. Quando nos damos conta, muitas vezes nem sabemos onde surgiu toda aquela história imaginada. Vozes incansáveis – com nosso próprio timbre e de conhecidos – falam, falam e falam, não dando descanso quando nos deixamos ser levados pela correnteza. Julgamentos e interpretações são feitos a cada instante, e nos perdemos da realidade. É como se estivéssemos em um sonho constante.

Mindfulness, ao nos convidar a cultivar as habilidades socioemocionais por meio da consciência, do propósito e da intenção de estar presente no momento presente, ensina a lavarmos o rosto sempre que percebemos que estamos sonhando. Ao lavar o rosto, conseguimos observar a realidade como ela é e despertamos; tornamo-nos mais atentos, mesmo quando estamos sonhando.

ATIVIDADE "ÁRVORE DO APRENDIZADO"

O convite agora é para juntos construirmos uma árvore que represente tudo o que aprendemos ao longo das sessões até aqui. Para essa atividade, pegue uma folha de papel e lápis de cor e desenhe uma árvore. Pensando em tudo o que você aprendeu até agora, responda às perguntas a seguir.

1. Quais palavras serão as raízes dessa árvore?
2. Qual palavra deverá ser o tronco?
3. Quais palavras serão os galhos?
4. Quais palavras serão a copa?
5. Quais palavras serão os frutos?
6. Quais palavras serão a colheita?
7. Quais palavras serão os nutrientes do solo?

Imagine uma semente. Então, ela começa a germinar em uma terra fértil. As primeiras folhas aparecem. Seu tronco, com o passar dos anos, vai se tornando mais forte. Sua copa, mais frondosa. As primeiras flores aparecem, e os insetos a visitam. Os frutos se desenvolvem, e pássaros e pequenos primatas vêm para a colheita. Os frutos fornecem alimento para os animais que levam as sementes para lugares distantes. Essa árvore que cada um imaginou à sua maneira ilustra o modelo teórico do MBHP-Educa (capítulo 6; ver página 89).

Mensagem da atividade

Em nossa árvore do aprendizado, temos duas raízes: o aprendizado socioemocional e o mindfulness.

O tronco somos nós quando aceitamos o convite de estarmos mais atentos no momento presente; nossa consciência se fortalece com o passar do tempo.

Essa árvore possui cinco galhos maiores – as cinco competências do aprendizado socioemocional: tomada de decisão responsável, consciência social, autoconsciência, autogerenciamento e habilidades de relacionamento.

Os nutrientes do solo são as práticas de mindfulness do Programa MBHP-Educa.

A copa consiste em habilidades desenvolvidas pelo MBHP-Educa: comunicação compassiva, gestão consciente da sala de aula, cultivo do mindfulness e autorregulação emocional.

Os frutos são as habilidades socioemocionais aprimoradas por meio das práticas de mindfulness.

A colheita é o despertar: as habilidades pró-sociais, o clima de sala de aula saudável e a qualidade de vida.

As sementes que darão origem às novas árvores espalhadas pelo mundo são os estudantes. Talvez eles nunca retornem à primeira árvore de nossa história, mas certamente darão frutos por onde quer que vão.

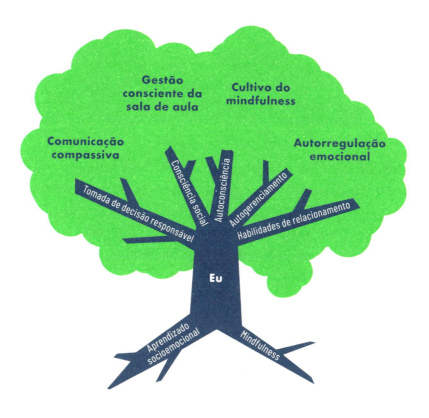

Figura 14.1 – Árvore do aprendizado (base teórica do MBHP-Educa). Promoção de saúde na escola → professores → estudantes → comunidade escolar e família → sociedade.

ATIVIDADE "FAZENDO AMIZADE COM VOCÊ MESMO"

Você deve escrever uma carta para si mesmo (somente você terá acesso a ela). Procure refletir sobre as questões abaixo.

1. Quais roteiros têm conduzido minhas emoções e ações?
2. Eu tenho agido com compaixão, gentileza e carinho comigo mesmo?
3. Quais valores são importantes para mim?

4. O que de fato quero fazer da minha vida pessoal e profissional?

5. O que mais quero falar para mim mesmo?

Mensagem da atividade

Nesse exercício, podemos refletir, de maneira simples e prática, sobre como temos desenvolvido a compaixão para conosco (autocompaixão), reconhecendo nossos padrões habituais e, ao mesmo tempo, articulando a percepção de nossos valores de vida. Com base nessa breve reflexão, poderemos planejar ações pessoais e profissionais mais alinhadas com nossos valores e com o cultivo de uma atitude mais autocompassiva, gerando autocuidado e bem-estar.

Gratidão

O cultivo da gratidão é a habilidade da conexão. Para alguns pesquisadores do assunto, a gratidão poderia ser a emoção que emerge quando alguém nos oferece algo de grande custo, ou valor, ou de forma altruísta. A prática da gratidão tem mostrado benefícios relevantes para o gerenciamento do estresse. Ao praticarmos a gratidão, direcionamos nossa atenção para experiências com valências positivas.

A gratidão pode interagir com os agentes estressores porque o estresse aumenta o autofoco (*self-focus*), enquanto práticas de bondade amorosa e gratidão focam afetos e disposição pró-social. A prática da gratidão envolve o gerenciamento de sentimentos de um agradecimento profundo por tudo e todos (*thankfulness*).

PRÁTICA DA GRATIDÃO

Para esta prática, pegue papel e lápis.

Podemos começar refletindo que, em nossas vidas, há muitas coisas (grandes e pequenas) pelas quais podemos nos sentir gratos. Pense no último dia, ou na última semana, no ano passado, ou em toda a sua vida e anote todas as coisas de sua vida pelas quais você se sente grato. Grandes ou pequenas.

Faça sua lista em aproximadamente 5 minutos, reservando um tempinho para pensar cuidadosa e profundamente na lista. Vá colocando o que vem à mente.

Após esses 5 minutos, você receberá outro aviso. Então, daremos as próximas instruções.

1. Tudo bem. Agora que você adicionou itens à sua lista e refletiu sobre eles, continuaremos o exercício.

2. Antes de começar, procure uma postura confortável e relaxada para manter o corpo. Você pode fechar os olhos, se quiser. Ou, eventualmente, voltar a ver a sua lista, se for útil. Lembre-se de uma pessoa, ou de um evento, ou de uma experiência de sua lista e traga à sua mente.

3. Você pode explorar essa recordação agora em mais detalhes. Talvez seja possível notar o afloramento da gratidão ressurgindo. Deixando com que essa experiência se estenda por mais alguns instantes. Aproveitando a ocasião para formar uma imagem em sua memória, deixando com que o

sentimento de gratidão vá se estabelecendo em relação a essas recordações.

4. Você pode agregar uma pequena frase a essa recordação ("eu sou grato, ou grata").

5. Você pode, então, repetir o exercício pensando em toda a sua lista de gratidão ou escolhendo algum item no qual você queira se concentrar. Algum item que seja de grande significado para você.

6. Então, quando você estiver preparado, você pode voltar a se conectar com seu corpo, com as sensações ao longo do corpo, com a respiração. E começar a dar um término para esse exercício, voltando a abrir os olhos.

Mensagem da prática

Tenha em mente que você pode trazer alguns desses mesmos sentimentos de gratidão para a próxima atividade que você fizer. Seja em casa, no trabalho, entre amigos ou pessoas que você não conhece.

PARTE 3

Programa MBHP-Educa: práticas simples para a sala de aula

Um ponto fundamental para a aplicação de mindfulness em salas de aula é que o docente que vai introduzir as práticas tenha conhecido e vivenciado as técnicas previamente. Isso pressupõe que tenha desenvolvido uma prática pessoal, levando-se em conta que mindfulness deve ser incorporado à vida. Vale ressaltar que a meditação não se resume a uma mera capacitação; é, antes de tudo, uma forma de estar e de ser no mundo.

Atuando em diferentes níveis de ensino, o professor que cultiva uma prática regular de mindfulness tem condições de aplicar técnicas simples em seus alunos, a fim de lhes proporcionar maior bem-estar mental e emocional, reduzindo seus níveis de estresse e de ansiedade e contribuindo para a melhoria nas relações interpessoais em sala de aula e, ainda, para o aumento da atenção às distintas dimensões do processo de ensino-aprendizagem. Este capítulo se dedicará a apresentar, a professores, medidas para a implementação dessas técnicas.

CAPÍTULO 15

A prática pessoal do professor

Colaboração: *Valéria Piassa Polizzi**

> Mindfulness não é difícil.
> Só precisamos nos lembrar de praticá-lo.
>
> Sharon Salzberg, professora norte-americana
> de mindfulness e compaixão, séculos XX-XXI

---

* Valéria Piassa Polizzi é graduada em comunicação social pela Universidade Santa Cecília (Unisanta) e especialista em prática da criação literária pela Universidade Cruzeiro do Sul (UNICSUL). Possui especialização em mindfulness pela Unifesp e extensão *on-line* em mindful educator essentials da Mindful Schools, Califórnia, Estados Unidos. É coautora e instrutora do Programa MBHP-Educa.

Introduzindo mindfulness na instituição escolar

Antes de levar as práticas para a sala de aula, o docente pode apresentar o contexto geral de mindfulness ao corpo administrativo da instituição em que leciona. Isso tende a sensibilizar os gestores sobre a relevância da atenção plena e a facilitar a introdução das técnicas aos alunos. Nessa apresentação, podem-se indicar as recentes pesquisas a respeito de mindfulness e sua interface com o contexto educacional, apresentadas na parte 1 deste livro.

Caso os alunos que participarão das práticas sejam menores de idade, a inclusão dos pais ou responsáveis na apresentação de uma proposta de mindfulness na escola é fundamental.

É importante deixar claro aos discentes que eles terão total liberdade para realizar ou não as práticas de mindfulness durante as aulas, sendo conveniente lhes apresentar um "termo de assentimento" (mesmo se menores de idade), a fim de que possam manifestar sua anuência quanto à participação por meio da assinatura desse documento.

Existem instrumentos de avaliação dos efeitos de mindfulness, os quais podem ser qualitativos e/ou quantitativos. Quanto a esses, caso o professor tenha interesse de aplicar algum teste ou questionário (ou escala validada),[1] vale convidar um profissional experiente para orientar esse processo. Se não houver interesse nesse tipo de mensuração, o docente poderá oferecer uma avaliação aberta (entrevista ou escrita de um texto) como instrumento para medir a autopercepção de cada participante, após a realização das

---

[1] Há diversas escalas para mensurar os efeitos de mindfulness. Alguns exemplos são o questionário das cinco facetas de mindfulness (FFMQ, ou *Five Facet Mindfulness Questionnaire*), a escala de avaliação do nível de estresse e depressão (HADS, ou *Hospital Anxiety and Depression Scale*), a escala de descentramento e a escala da autocompaixão, entre outros.

técnicas. Os resultados podem, ainda, ser compartilhados com gestores, outros professores e familiares dos alunos, ao final do período de aplicação.

Ressaltamos que as práticas de mindfulness na educação devem ser adaptadas às faixas etárias dos alunos. No caso de crianças, as temáticas voltadas para a atenção plena são tratadas de forma mais lúdica, e a duração das práticas deve ser reduzida. Mesmo para adolescentes e para adultos, é recomendada a redução de sua duração, já que, possivelmente, estarão praticando pela primeira vez.

Praticando com os alunos

Além de adequar as práticas conforme as faixas etárias, é interessante variar os pontos de ancoragem ou focos meditativos, para oportunizar experiências diversas aos discentes. Por exemplo, podemos alternar diferentes práticas com distintos pontos de ancoragem, como a respiração, as sensações físicas de diferentes partes do corpo, os sons e os próprios pensamentos.

Mitos como "a meditação deixa a mente branco", "medita-se para se desligar do mundo", "na meditação os pensamentos param" devem ser desconstruídos com os alunos, para que iniciem as práticas sabendo que a distração ou divagação mental acontece com frequência e que não há motivo para frustração: é parte normal do processo. A tomada de consciência de que se está distraído não é negativa, podendo ser considerada um momento mindful, o qual justamente permite a volta à âncora meditativa, o que deve ser feito com gentileza, carinho e autocompaixão.

A PRÁTICA COM ADULTOS E ADOLESCENTES

Para adolescentes e adultos, podem ser sugeridas as seguintes práticas: a do escaneamento corporal com relaxamento progressivo (ver página 118), a da respiração (ver página 127), a da caminhada com atenção plena (ver página 135), a do movimento atento (ver página 152) e a prática da comunicação compassiva (ver página 189).

- **Prática do escaneamento corporal com relaxamento progressivo:** apesar de o relaxamento não ser um objetivo específico perseguido por mindfulness, se praticado dessa maneira pode se constituir em um aliado, ao trazer calma e tranquilidade para a sala de aula.

- **Prática da respiração:** uma das técnicas mais conhecidas e aplicadas, a atenção plena na respiração propicia o aumento da capacidade de atenção, bem como sua regulação. Em termos práticos, um maior equilíbrio atencional incrementa a concentração dos alunos no processo educacional, seja para a execução de leituras, seja para a interação necessária com docentes e colegas nas atividades em sala de aula.

- **Prática da caminhada com atenção plena:** o objetivo dessa prática é trazer nossa consciência, no momento presente, para as experiências e sensações que ocorrem ao caminharmos. Essa vivência propicia o aumento da consciência corporal. Pode ser realizada uma caminhada breve minutos antes do início das aulas.

- **Prática do movimento atento:** de forma semelhante à caminhada com atenção plena, a prática do movimento atento traz a mente para o presente, permitindo também maior consciência do corpo. Demarzo e Campayo (2015, p. 200) lembram que "os pensamentos e as emoções estão em geral no passado e no futuro", enquanto a atenção ao corpo se dá apenas no agora. Caso haja um professor educador físico na instituição, ele pode ser convidado previamente para sugerir os movimentos a serem realizados.

→ **Prática da comunicação compassiva:** partindo do pressuposto de que o docente aplica o falar e o ouvir conscientes, ao comunicar-se de modo mais empático e altruísta com os alunos, estes tenderão a atuar da mesma forma, com uma escuta mais atenta, compassiva e cooperativa.

A PRÁTICA COM CRIANÇAS

Para as crianças, a descontração e a diversão devem ser incorporadas às vivências de mindfulness, porque assim se sentirão mais atraídas e acolhidas.

O professor poderá aplicar práticas simples, promovendo um ambiente em sala de aula mais propício ao crescimento da atenção, da amorosidade, da empatia, da compaixão e da cooperação.

Entre as práticas que podem ser utilizadas para apresentar mindfulness a esse público, está a prática com foco na respiração, o exercício de comer com atenção plena, a atenção plena aos sons e o escaneamento corporal compassivo, além da prática do escaneamento corporal com relaxamento progressivo.

→ **Prática com foco na respiração:** mesmo para crianças, a atenção à respiração tem a importante função de ancorá-las ao momento presente, melhorando suas habilidades de concentração. Com o tempo e com a prática regular, elas tenderão a reagir com menos impulsividade em relação ao que pensam ou sentem, levando maior consciência a seus processos internos. Para introduzir a ideia de âncora meditativa às crianças com base em sua própria experiência, sugerimos uma nova prática de mindfulness com a respiração:[2] convidamos os alunos a se sentarem comodamente, com a coluna ereta, e o restante do corpo em um estado de conforto. A descrição a seguir se refere às etapas de um exercício realizado em um projeto com crianças do 4º ano do ensino fundamental.[3]

— O que, para vocês, é o mais importante na vida?
— A família!
— Jogar tênis!
— Minha vida!
— Os amigos, a família!
— Ótimo! Então, por favor, levantem a mão direita [todos assim o fizeram], agora a levem até a boca, tampando a boca. Agora levantem a mão esquerda. Tampem o nariz [esperamos alguns segundos]. Podem soltar as mãos [todos fazem uma inalação profunda para retomar o ar]. E agora? O que era mais importante para vocês?
— Ah, o ar... claro que o ar...
— Então, respirar é muito importante, né?! Estamos o tempo inteiro com a respiração. Percebam o movimento da barriga [o coordenador dirigiu a mão até sua própria barriga]. Notem o ar perto do nariz de vocês. Apenas sintam... Pessoal, o que é uma âncora? Para que ela serve?
— Pra parar o navio.
— De ferro.

---

[2] A proposta desse exercício foi discutida no *workshop* "Mindfulness en la educación: Programa Crecer Respirando", ministrado por Carlos Garcia Rubio e Teodoro Luna Jarillo no IV International Meeting on Mindfulness, realizado em São Paulo, em junho de 2017.
[3] O projeto denominado "Mindfulness (atenção plena) em sala de aula: narrativas de alunos do 4º ano do ensino fundamental" foi coordenado por Alex Mourão Terzi.

— Nossa respiração também pode ser como uma âncora. Sempre que precisarmos, podemos focar a respiração. Quando vocês acham que podemos fazer isso?

— Quando a gente ficar nervoso.

— Pra relaxar.

— Quando for dormir.

— Legal, podemos, sim, usar esse exercício para quando estivermos cansados, nervosos, ansiosos.

→ **Exercício de comer com atenção plena:** nesse exercício, semelhante à prática da uva-passa apresentada no capítulo 7 (ver página 108), qualquer alimento pode ser utilizado. No caso das crianças, uma opção é usar balas de goma coloridas. Todavia, deve-se ter a precaução de averiguar se existem restrições alimentares. A instrução é para que os alunos vejam a bala apenas como um "objeto", levando a atenção aos sentidos e sensações (tato – peso, textura; visão – a forma, a cor; olfato; paladar – a mudança da estrutura da bala, de rígida para mais amolecida, bem como seu gosto). O objetivo é mostrar como mindfulness pode se contrapor às ações executadas automaticamente (ou no chamado piloto automático).

→ **Prática da atenção plena aos sons:** aqui se utiliza o chamado sino pin (ou, caso não haja o sino, um aplicativo de celular que gere som semelhante). O professor pode convidar os alunos a levarem sua consciência à percepção auditiva: o comando é para a criança notar o som e levantar o braço quando não mais conseguir escutá-lo. O exercício pode ser feito de olhos abertos ou fechados. A tendência é de que todos fiquem atentos ao som, porque há um caráter lúdico no ato de prestar atenção. Toca-se o sino por três ou cinco vezes e, posteriormente, é pedido para que os alunos ouçam os sons à sua volta. Percebendo-os apenas como sons, sem buscar relacioná-los a nada e sem julgamentos sobre o que estejam escutando, como se fosse a primeira vez que entrassem em contato com a sonoridade.

→ **Escaneamento corporal compassivo:** O escaneamento corporal compassivo (DEMARZO; CAMPAYO, 2015) é um exercício em que se busca cultivar a autocompaixão. A atividade começa com o professor solicitando aos alunos que adotem a postura meditativa, fechando os olhos.

Os alunos devem considerar três dimensões: a da função das partes do corpo, a do apreço (desejando que estejam saudáveis) e a da gratidão pelo próprio corpo. O exercício pode ser conduzido conforme abaixo.

— Sentem-se, por favor, com as costas retas. As mãos descansam sobre as pernas. Relaxem o corpo. Eu vou falando de umas partes do corpo, e vocês me seguem com atenção, ok? Sintam seus pés. Como vocês são importantes! Me levam para todos os lados. Posso correr, brincar... Que vocês estejam saudáveis, fortes... Muito obrigado, meus pés...

Na sequência, o professor orienta os alunos para que sintam cada parte de seu corpo: as pernas, a barriga (e os órgãos aí localizados), o peito (também o pulmão, o coração), os braços, o pescoço, a língua, a boca, o nariz, os olhos, a cabeça (o cérebro), passando pelas diferentes dimensões da função, do apreço e da gratidão.

Em seguida, todos são convidados a fazer o movimento de um "autoabraço", entrelaçando os braços sobre o peito:

— Podemos fazer uma amizade com nós mesmos. Temos esse corpo maravilhoso com que sentimos, brincamos. Da mesma forma que temos amigos, podemos ser nossos amigos. Sinta esse abraço como um ato de carinho, de amor a você, que é tão importante. E, como você quer ser feliz e evitar o sofrimento, todas as pessoas também pensam assim: seus colegas, seus pais, seus irmãos, amigos. Assim, podemos desejar que todos estejam bem, em paz, com o coração tranquilo. Que sintam o calor desse abraço. Que sejam felizes também, como eu quero ser.

Nessa última parte da prática, o objetivo é introduzir a noção de "humanidade compartilhada", a fim de levar os alunos a refletirem que todos temos uma aspiração por felicidade e queremos evitar o sofrimento. A humanidade compartilhada pode se contrapor às ideias de "isolamento" e, talvez, de baixa autoestima. Da mesma maneira, pode contribuir para o aumento de uma postura mais pró-social, de pertencimento ao grupo.

→ **Prática do escaneamento corporal com relaxamento progressivo:** assim como para adolescentes e adultos, esta prática (ver página 118) contribui para proporcionar mais consciência corporal e controle atencional às crianças.

A escola é um local privilegiado para a promoção da saúde com uma visão integral, multidisciplinar, considerando as pessoas em seu contexto familiar, comunitário e social.

Muitos autores da atualidade consideram que a escola é o único local onde efetivamente podemos praticar a prevenção efetiva de transtornos mentais como a ansiedade e a depressão, porque nos permite abordar os grandes fatores de risco para tais condições, endereçando simultaneamente os determinantes do risco relacionados com as crianças e os pais.

Assim, a prevenção precisa começar cedo na vida, abordando pais, filhos e educadores, melhorando habilidades socioemocionais e de regulação emocional, afetividade e habilidades para a vida em geral, tornando essas competências e habilidades parte do currículo regular das escolas.

Neste capítulo, apresentaremos os conceitos-chave que possibilitam essa implementação, por meio da definição e da compreensão do que é a promoção da saúde escolar.

CAPÍTULO 16

Transformando as escolas em Escolas Promotoras de Saúde

Colaboração: *Eliana P. Vellozo*, Marta Modrego-Alarcón**, Mayte Navarro-Gil*** e Vânia D'Almeida*****

> Se a educação sozinha não transforma a sociedade,
> sem ela, tampouco, a sociedade muda.
>
> Paulo Freire, filósofo e educador brasileiro, século XX

---

* Eliana P. Vellozo é doutora em pediatria e ciências aplicadas à pediatria pela EPM-Unifesp e pós-doutoranda pela disciplina de nutrologia da mesma instituição.
** Marta Modrego-Alarcón, psicóloga espanhola, é doutoranda na Facultad de Educación da Universidad de Zaragoza, na Espanha, no tema mindfulness e educação.
*** Mayte Navarro-Gil é psicóloga, também espanhola, especialista em terapias de terceira geração. É doutora em mindfulness e compaixão pela Facultad de Medicina da Universidad de Zaragoza.
**** Vânia D'Almeida é graduada em ciências biológicas pela Universidade Presbiteriana Mackenzie, com mestrado e doutorado em ciências biológicas (biologia molecular) pela Unifesp. Realizou pós-doutorado no Instituto de Química da USP e livre-docência pelo Departamento de Genética da Unifesp.

A promoção da saúde escolar

Segundo o Informe Lalonde, documento oficial do governo do Canadá publicado em 1974, o conceito de "campo da saúde" é constituído de quatro componentes: biologia humana, meio ambiente, estilo de vida e organização da atenção à saúde. Esse documento apoiou a formulação das bases da promoção da saúde e da estratégia para a criação de espaços saudáveis e protetores.

No início da década de 1990, diante das propostas de especialistas de países diversos para o setor da educação, das críticas crescentes quanto à pouca efetividade da educação em saúde nas escolas e do surgimento da promoção da saúde, foi introduzida a estratégia de criação de espaços e ambientes saudáveis nesses estabelecimentos.

Assim, fruto de um amplo leque de pesquisas e práticas, a promoção da saúde escolar tem evoluído nas últimas décadas, acompanhando as iniciativas de promoção da saúde mundo afora. Nos anos 1990, a Organização Mundial da Saúde (OMS) desenvolveu o conceito das Escolas Promotoras de Saúde (EPS). Em 2007, foi instituído no Brasil o Programa Saúde na Escola (PSE). O programa propõe ações coletivas de promoção da saúde e melhoria da qualidade de vida da comunidade articuladas com a Estratégia Saúde da Família (ESF), as quais poderão ser propostas pelas equipes de saúde e/ou pela comunidade envolvida, para serem executadas no espaço da escola. As questões assistenciais e clínicas, no entanto, devem ser encaminhadas, prioritariamente, às unidades de saúde da própria ESF.

Essas iniciativas contribuem para a formação de cidadãos críticos, estimulando-os à autonomia, ao exercício de direitos e deveres e a atitudes mais saudáveis, conscientes e compassivas para o manejo de suas condições de saúde e qualidade de vida. Elas estão fundamentadas em uma abordagem multifatorial que considera o conceito ampliado de saúde; portanto, envolvem o desenvolvimento de competência em saúde dentro das salas de aula, a transformação do ambiente físico e social das escolas e a criação de vínculo e parceria com a comunidade de abrangência e sua influência, conforme o conceito mais contemporâneo de promoção da saúde.

No Brasil, desde 2006, o Ministério da Saúde propõe uma Política Nacional de Promoção da Saúde (PNPS) com o objetivo de promover os conceitos e as ações da promoção da saúde escolar em todo o país.

Escolas Promotoras de Saúde

Como vimos, na década de 1990, a Organização Mundial da Saúde começou a advogar pelo cenário da escola como estratégico para o desenvolvimento de ambientes saudáveis e de habilidades em promoção da saúde, lançando, então, a iniciativa das Escolas Promotoras de Saúde. Em 1996, a OMS produziu uma série de diretrizes para que as escolas pudessem requerer o *status* de EPS. Essas diretrizes cobriam seis ações principais, mostradas no quadro 16.1.

Quadro 16.1 – Ações para se tornar uma EPS.

- Construir uma política escolar de promoção da saúde.
- Adequar o ambiente físico da escola.
- Adequar o ambiente social da escola.
- Promover vínculo e parceria com a comunidade de abrangência e influência da escola.

(cont.)

- Desenvolver habilidades pessoais de promoção da saúde em todos os atores escolares (professores, funcionários, estudantes e comunidade).

- Promover vínculo e parceria com os serviços de saúde de referência das escolas.

Fonte: adaptado de World Health Organization (1998).

A iniciativa de EPS pressupõe uma revitalização da promoção da saúde na escola. Esses estabelecimentos ampliam sua atuação para além da área da educação, enfatizado aspectos como:

→ desenvolvimento de uma boa rede de relacionamentos dentro da escola;

→ promoção da saúde e do bem-estar dos professores e funcionários;

→ promoção da melhora da autoestima entre os estudantes;

→ consideração de professores e funcionários como modelos de estilos de vida saudáveis.

Langford *et al.* (2014) realizaram uma revisão sistemática que avaliou a eficácia da estratégia das EPS na melhoria das condições de saúde e no desempenho escolar. Os autores observaram melhorias relacionadas a índice de massa corporal (IMC), atividade física, aptidão física, ingestão de vegetais, consumo de tabaco e bullying. Não foi observado impacto quanto ao uso de álcool e drogas, à saúde sexual, à violência e à saúde mental. Em razão da escassez de dados, não foi possível determinar o impacto da abordagem da estratégia sobre o desempenho escolar.

Nesse cenário complexo, as intervenções baseadas em mindfulness têm se mostrado efetivas e cada vez mais fazem parte das estratégias inovadoras de promoção da saúde escolar, conforme amplamente discutido neste livro. Além do desenvolvimento de atenção, da concentração e da memória, o treinamento em mindfulness propicia uma atitude mais compassiva e com menos vieses cognitivos, o que facilita relações interpessoais funcionais entre professores, estudantes, pais e funcionários da escola.

No Brasil, algumas cidades brasileiras acolheram essa iniciativa e desenvolveram experiências exitosas na área, como Maceió. Ao longo dos anos, observou-se que o êxito do Programa Saúde na Escola depende do conhecimento da realidade local e do envolvimento da comunidade escolar, aliados a uma boa capacitação profissional – realizada com regularidade por meio de profissionais da saúde.

Observou-se também que o maior número de projetos e ações registrados envolveu o professor (formação, capacitação e/ou mobilização). Isso sugere uma valorização dos docentes, colocando-os em uma posição estratégica e de destaque para a incorporação das questões de relevância social no projeto político-pedagógico.

Estratégias de operacionalização das iniciativas de promoção da saúde escolar

Segundo os Cadernos de Atenção Básica do Ministério da Saúde:

> A elaboração de um bom projeto é passo fundamental e estratégico para sistematizar as ações de saúde escolar. Alianças e parcerias também são

> fundamentais, por exemplo, com programas públicos ou privados, ou ainda do terceiro setor, que utilizem tecnologias propícias para a promoção da saúde escolar. Para estimular a participação local e da comunidade, podem ser realizados seminários de sensibilização e instrumentalização técnica dos diversos atores envolvidos — professores, funcionários, estudantes, pais e profissionais de saúde [...], precedidos pela escuta às demandas e necessidades comunitárias nas áreas de saúde, educação e outras. (BRASIL, 1999, p. 17)

Os Cadernos ressaltam também que, no nível local e no das comunidades, os projetos precisam considerar as prioridades nacionais para as áreas de promoção da saúde, apoiar os currículos escolares e trabalhar acontecimentos de saúde relevantes. Algumas atividades podem ser propostas pelas equipes de saúde e/ou pela comunidade envolvida. As atividades devem ser executadas no espaço da escola como ações coletivas para a qualidade de vida; questões assistenciais e clínicas são encaminhadas às unidades de saúde. No processo de formulação, devem ser identificados potenciais agentes multiplicadores, que estimulem não apenas o desenvolvimento das ações na escola como também sua manutenção.

A publicação do Ministério da Saúde destaca ainda que os projetos exigem planejamento de longo prazo. A recomendação é para que sejam sucintos, executados considerando a gestão da qualidade e avaliados ao final de cada ano letivo.

O desenho dos projetos deve obedecer a uma metodologia. O quadro 16.2 apresenta algumas etapas do processo de construção com a comunidade de um projeto de ação local de promoção da saúde escolar.

Quadro 16.2 – Sugestão de etapas para a operacionalização e a avaliação de projetos de promoção da saúde escolar.

1. Identificação do problema.

Após a sensibilização e a efetivação da parceria e da apresentação da proposta conceitual da promoção da saúde, devem ser levantadas as necessidades por meio de reuniões, grupos de trabalho ou oficinas com a comunidade escolar: alunos, pais, professores, funcionários e outros profissionais e membros da comunidade. Cada necessidade ou problema de saúde precisa ser identificado e caracterizado considerando que a "realidade" é um todo complexo. Assim, os dados devem ser de diversas origens (saúde, habitação, educação, atividades econômicas, etc.). O diagnóstico local deve permitir desenhar uma intervenção baseada nos dados recolhidos, nos recursos existentes, disponíveis e potenciais. Havendo mais do que um problema, é preciso avaliar a dimensão de cada um deles em termos de frequência e gravidade e ponderar a adesão da comunidade, selecionando o que for considerado prioritário e executável por todos os parceiros.

2. Identificação do(s) objetivo(s).

Os objetivos deverão corresponder às mudanças pretendidas. Pode ser um grande objetivo que indica o sentido da mudança, quantificando-a, ou traduzir momentos de mudança. Os objetivos deverão ser explicados em termos de espaço, tempo e destinatários.

3. Seleção de atividades e ações.

Uma vez que tenham sido identificados os problemas e os objetivos, deve ser traçado um plano de ação conforme as necessidades e possibilidades da comunidade escolar. Nas atividades e

(cont.)

ações a serem realizadas, os estudantes devem ser considerados sujeitos-atores do processo educativo. Além disso, têm de ser contempladas todas as dimensões das Escolas Promotoras de Saúde (organizacional, curricular, psicossocial, ecológica e comunitária), e é preciso ter em conta que o trabalho deve ser desenvolvido em rede intersetorial. Para cada atividade, é importante especificar a metodologia, as tarefas necessárias à sua realização e as pessoas que a executarão. Elaborar o cronograma das atividades é indispensável.

4. Preparação de um orçamento para o projeto.

O orçamento deverá ser adaptado às necessidades identificadas e às possibilidades de financiamento de cada escola ou região. Entre os itens a serem lembrados, estão materiais necessários (insumos ou de infraestrutura), fotocópias, pagamento e diárias de técnicos e consultores, bem como serviços de terceiros. Deve-se lembrar também que o orçamento precisa contemplar a manutenção do projeto, e não apenas sua implantação, para que seja sustentável a longo prazo.

5. Organização do trabalho dos indivíduos, dos grupos e dos serviços.

É preciso deixar claro "quem lidera/facilita cada atividade ou ação do projeto", "quem é o responsável por quem" e "quem deve consultar quem".

6. Avaliação do projeto.

Para cada objetivo, é necessário listar os principais indicadores a serem avaliados e as pessoas que efetuarão a coleta e o tratamento dos dados. A avaliação da efetividade dos projetos deve pôr em evidência o processo e os resultados, considerando, principalmente:

(cont.)

- em que medida o projeto teve a participação da comunidade educativa, contribuiu para a mudança das políticas da escola e teve controle de custos (dimensão organizacional);

- em que medida o projeto desenvolveu uma abordagem holística do tema e melhorou as práticas da escola (dimensão curricular);

- em que medida melhorou o relacionamento intra e interpessoal na escola (dimensão psicossocial);

- em que medida tornou o ambiente escolar mais seguro e saudável (dimensão ecológica);

- em que medida estabeleceu uma boa articulação com a comunidade extraescolar (dimensão comunitária);

- em que medida aumentou as competências em saúde de alunos, pais e professores e evidenciou ganhos em saúde (indicadores de saúde positiva).

Outras ações avaliativas possíveis: produzir relatórios; analisar as condições de promoção da saúde com visitas às escolas; buscar conhecer, por meio de entrevistas com professores, diretores, alunos e membros da comunidade escolar, o grau de conhecimento sobre o projeto e o grau de satisfação com suas atividades; realizar periodicamente encontros de avaliação e reflexões.

Fonte: adaptado de Portugal (2006 *apud* BRASIL, 2009).

A promoção da saúde nas escolas tem grande potencial para melhorar a saúde e propiciar bem-estar a crianças e adolescentes. Entre os programas mais efetivos estão os focados em promoção da atividade física, dietas saudáveis, restrição ao consumo de tabaco e diminuição da ocorrência de bullying e, mais recentemente, na inclusão de programas de meditação e mindfulness (ou outras práticas contemplativas, como ioga). Evidências apontam os componentes da iniciativa das EPS como chave para programas bem-sucedidos, como sustentabilidade, abordagem multifatorial (currículo, ambiente escolar e comunidade) e envolvimento de todos os atores escolares (estudantes, professores, funcionários, pais e comunidade) no processo.

O trabalho de acordo com os princípios das EPS contribui para que os estabelecimentos de ensino aprimorem seus serviços, aumentando o potencial de aprendizagem ao mesmo tempo que melhoram a saúde, pelas seguintes razões:

- sabemos que a simples frequência à escola melhora a saúde das crianças;

- as mães que receberam escolaridade mínima tendem a cuidar melhor de seus bebês e apresentam maior probabilidade de solicitar atenção médica para seus filhos e fazer com que sejam vacinados;

- nos países em desenvolvimento, à medida que aumenta a taxa de alfabetismo, as taxas de fecundidade tendem a decrescer. Mulheres alfabetizadas tendem a casar-se mais tarde e têm maior probabilidade de empregar métodos de planejamento familiar, protegendo assim a própria saúde e a de seus bebês;

- finalmente, sabemos que atualmente são poucos os lugares seguros para as crianças. Muitas vivem em condições que colocam em perigo sua segurança física e sua saúde emocional. Em grande parte do dia, a escola pode proporcionar segurança caso seja um lugar saudável e de aprendizado.

ANEXO 1

Diário de autocuidado do Programa MBHP-Educa

Lembre-se de realizar as práticas no mínimo seis vezes por semana.

○ Manhã　　○ Tarde　　○ Noite　　　　　　Data: ____ /____ /____

Minha intenção para hoje:

Quanto tempo você gastou cuidando de si mesmo hoje:

Descreva em detalhes como você cuidou de si mesmo hoje:

Práticas MBHP-Educa

○ Áudio 1
○ Áudio 2
○ Áudio 3
○ Áudio 4
○ Áudio 5
○ Áudio 6
○ Áudio 7
○ Áudio 8
○ Áudio 9
○ Áudio 10
○ Áudio 11
○ Áudio 12
○ Áudio 13

O que você percebeu hoje? (Escreva a seguir qualquer coisa a que você ficou atento como resultado de dar um tempo a si mesmo – qualquer consciência de emoções, como sua intenção afetou suas ações, etc.)

ANEXO 2

Outros centros e programas de mindfulness

Centros de pesquisa em mindfulness e meditação

Center for Compassion and Altruism Research and Education, Stanford University
http://ccare.stanford.edu/

Center for Healthy Minds, University of Wisconsin-Madison
https://centerhealthyminds.org/

Mind & Life Institute
https://www.mindandlife.org/

Mindfulness-based Cognitive Therapy
http://www.mbct.com/

National Center for Complementary and Integrative Health
https://nccih.nih.gov/

UCLA Mindful Awareness Research Center
https://www.uclahealth.org/marc/

Programas de mindfulness para educação

Creating Resilience for Educators, Administrators and Teachers
https://createforeducation.org/

Mindful Schools
https://www.mindfulschools.org/

Mindfulness in Schools Projects
https://mindfulnessinschools.org/

Técnicas de Relajación, Meditación y Mindfulness Aplicadas al Aula
http://www.programatreva.com/

Sobre aprendizado socioemocional

Collaborative for Academic, Social, and Emotional Learning
https://casel.org

Implicações sociais de mindfulness e compaixão

A force for good: the Dalai Lama's vision for our world
www.joinaforce4good.org

Áudios livres de práticas de mindfulness na educação

http://www.webmindfulness.com/audios-en-educacion/

REFERÊNCIAS

ALARCÓN, M. M.; CAMPAYO, J. G.; DEMARZO, M. Qué es mindfulness y compasión y por qué son útiles en la educación del bienestar emocional. *In*: ALARCÓN, M. M.; CAMPAYO, J. G.; DEMARZO, M. **Bienestar emocional y mindfulness en la educación**. Madrid: Alianza Editorial, 2017.

ALMEIDA, L. M. Da prevenção primordial à prevenção quaternária. **Revista Portuguesa de Saúde Pública**, v. 23, n. 1, 2005.

ALVEAR, D. Mindfulness e psicologia positiva: uma união para potenciar o bem-estar. *In*: MARTÍ, A. C. I; CAMPAYO, J. G.; DEMARZO, M. (org.). **Mindfulness**: da tradição à modernidade. São Paulo: Palas Athena, 2016.

ASPY, D. J.; PROEVE, M. Mindfulness and loving-kindness meditation: effects on connectedness to humanity and to the natural world. **Psychological Reports**, v. 120, n. 1, 2017.

BADDELEY, A. Working memory. **Science**, v. 255, n. 5.044, 1992.

BARBOSA FILHO, V. C. *et al*. Rationale and methods of a cluster-randomized controlled trial to promote active and healthy lifestyles among Brazilian students: the "Fortaleça sua Saúde" program. **BMC Public Health**, n. 15, 2015.

BAUER-WU, S. **As folhas caem suavemente**. São Paulo: Palas Athena, 2014.

BLISS, T. V.; LØMO, T. Long lasting potentiation of synaptic transmission in the dentate area of the anaesthetized rabbit following stimulation of the perforant path. **The Journal of Physiology**, v. 232, n. 2, 1973.

BRASIL. Congresso. Senado. Lei de Diretrizes e Bases da Educação Nacional. **Coleção de Leis da República Federativa do Brasil**, Brasília, DF, 2003.

BRASIL. Ministério da Educação. **Base Nacional Comum Curricular (BNCC)**. Brasília, DF, 2018.

BRASIL. Ministério da Educação. **Parâmetros Curriculares Nacionais do Ensino Médio**. Brasília, DF, 1999.

BRASIL. Ministério da Educação. **Programa saúde na escola**. Brasília, DF, 2008.

BRASIL. Ministério da Saúde. **Declaração de Jacarta sobre promoção da saúde pelo século XXI adentro**. Brasília, DF, 1999.

BRASIL. Ministério da Saúde. **Escola promotora de saúde**. Brasília, DF, 1999.

BRASIL. Ministério da Saúde. **Escolas promotoras de saúde**: experiências do Brasil. Brasília, DF, 2007.

BRASIL. Ministério da Saúde. **Política nacional de promoção da saúde**. Brasília, DF, 2006.

BRASIL. Ministério da Saúde. **Recomendações de Adelaide**. Brasília, DF, 1999.

BRASIL. Portaria Interministerial nº 1.055, de 25 de abril de 2017. **Diário Oficial [da] República Federativa do Brasil**, Poder Executivo, Brasília, DF, 2017.

BRASIL. Portaria nº 2.446, de 11 de novembro de 2014. **Diário Oficial [da] República Federativa do Brasil**, Poder Executivo, Brasília, DF, 2014.

BREFCZYNSKI-LEWIS, J. A. *et al.* Neural correlates of attentional expertise in long--term meditation practitioners. **Proceedings of the National Academy of Sciences**, v. 104, n. 27, 2007.

BUSS, P. M. Uma introdução ao conceito de promoção da saúde. *In*: CZERESMIA, D. (org.). **Promoção da saúde**: conceitos, reflexões, tendência. Rio de Janeiro: Fiocruz, 2003.

CAMPAYO, J. G.; DEMARZO, M. **Manual práctico**: mindfulness curiosidad y aceptación. Barcelona: Siglantana, 2015.

CAMPAYO, J. G.; DEMARZO, M. **Mindfulness y compasión**: la nueva revolución. Barcelona: Siglantana, 2015.

CARVALHO, F. F. B. A saúde vai à escola: a promoção da saúde em práticas pedagógicas. **Physis**, v. 25, n. 4, 2015.

CAMPAYO, J. G.; DEMARZO, M. **¿Qué sabemos del mindfulness?** Barcelona: Kairós, 2018.

CASEMIRO, J. P.; FONSECA, A. B. C.; SECCO, F. V. M. Promover saúde na escola: reflexões a partir de uma revisão sobre saúde escolar na América Latina. **Ciência & Saúde Coletiva**, v. 19, n. 3, 2014.

CEBOLLA, A.; DEMARZO, M. O que é mindfulness? *In*: MARTÍ, A. C. I; CAMPAYO, J. G.; DEMARZO, M. (org.). **Mindfulness**: da tradição à modernidade. São Paulo: Palas Athena, 2016.

CHIDA, Y.; HAMER, M. Chronic psychosocial factors and acute physiological responses to laboratory-induced stress in healthy populations: a quantitative review of 30 years of investigations. **Psychological Bulletin**, n. 134, 2008.

COEN, M. **108 contos e parábolas orientais**. São Paulo: Academia, 2015.

COEN, M. **A sabedoria da transformação**. São Paulo: Academia, 2014.

COEN, M. **Sempre zen**: aprender, ensinar e ser. São Paulo: Publifolha, 2006.

CORTELLA, M. S. **Pensatas pedagógicas**: nós e a escola – agonias e alegrias. 2. ed. Petrópolis: Vozes, 2014.

COSTA, P. T.; MCCRAE, R. R.; DEMBROSKI, T. M. Agreeableness versus antagonism: explication of a potential risk fator for CHD. *In*: SIEGMAN, A. W.; DEBROSKY, T. M. (org.). **In search of coronary-prone behavior**: beyond type A. Hillside: Lawrence Erlbaum, 1989.

CRAIG, A.; KIRBY, L. D. The role of appraisal and emotion in coping and adaptation. *In*: CONTRADA, R. J.; BAUM, A. (org.). **Handbook of stress science**: biology, psychology and health. New York: Springer, 2019.

CRANE, R. S. *et al*. What defines mindfulness-based programs? The warp and the weft. **Psychological Medicine**, v. 47, n. 6, abr. 2017.

DAHL, C. J.; DAVIDSON, R. J. Mindfulness and the contemplative life: pathways to connection, insight, and purpose. **Current Opinion in Psychology**, 2018.

DAHL, C. J.; LUTZ, A.; DAVIDSON, R. J. Reconstructing and deconstructing the self: cognitive mechanisms in meditation practice. **Trends in Cognitive Sciences**, v. 19, n. 9, 2015.

DALAI-LAMA. **A prática da benevolência e da compaixão**. Rio de Janeiro: Nova Era, 2002.

DAMÁSIO, A. **O erro de Descartes**: emoção, razão e o cérebro humano. São Paulo: Companhia das Letras, 2012.

DELGADO-SUAREZ, I. *et al*. Potencial de mindfulness y compasión para la construcción de la noviolencia en el contexto educativo. **Revista de Investigación y Educación en Ciencias de la Salud**, 2018.

DELORS, J. *et al*. Educação: um tesouro a descobrir. **Relatório para a Unesco da Comissão Internacional sobre Educação para o Séc. XXI**. Porto: Asa, 1996 (Coleção Perspectivas actuais – educação).

DEMARZO, M.; AQUILANTE, A. G. Saúde escolar e escolas promotoras de saúde. *In*: **Programa de atualização em medicina de família e comunidade**. Porto Alegre: Artmed, 2008.

DEMARZO, M.; CAMPAYO, J. G. Manual prático – mindfulness: curiosidade e aceitação. São Paulo: Palas Athena, 2015.

DIAS, M. S. A. *et al*. Colaboração interprofissional no Projeto Saúde e Prevenção na Escola. **Ciência & Saúde Coletiva**, v. 21, n. 6, 2016.

DIGMAN, J. M. Personality structure: emergence of the five-factor model. **Annual Review of Psychology**, n. 41, 1990.

FERREIRA, I. R. C. *et al*. Diplomas normativos do Programa Saúde na Escola: análise de conteúdo associada à ferramenta ATLAS TI. **Ciência & Saúde Coletiva**, v. 17, n. 12, 2012.

FOX, K. C. *et al*. Functional neuroanatomy of meditation: a review and meta-analysis of 78 functional neuroimaging investigations. **Neuroscience & Biobehavioral Reviews**, n. 65, 2016.

FREIRE, P. **A importância do ato de ler**: em três artigos que se completam. 51. ed. São Paulo: Cortez, 2011.

FREIRE, P. **Educação como prática da liberdade**. 10. ed. Rio de Janeiro: Paz e Terra, 1980.

FREIRE, P. **Pedagogia da autonomia**: saberes necessários à prática educativa. 4. ed. São Paulo: Paz e Terra, 1996.

FREIRE, P. **Pedagogia do oprimido**. 58. ed. Rio de Janeiro: Paz e Terra, 2014.

FREITAS, M. T. A. **O pensamento de Vygotsky e Bakhtin no Brasil**. Campinas: Papirus, 1994.

FUNDO DAS NAÇÕES UNIDAS PARA A INFÂNCIA. **Declaração mundial sobre educação para todos e plano de ação para satisfazer as necessidades básicas de aprendizagem**. Brasília: Unicef, 1991.

GOETZ, J. L.; KELTNER, D.; SIMON-THOMAS, E. Compassion: an evolutionary analysis and empirical review. **Psychological Bulletin**, v. 136, n. 3, 2010.

GOLEMAN, D.; DAVIDSON, R. J. **Altered traits**: science reveals how meditation changes your mind, brain, and body. New York: Penguin, 2017.

HANH, T. N. **Felicidade**: práticas essenciais para uma consciência plena. Petrópolis: Vozes, 2013.

HANH, T. N. **Trabalho**: a arte de viver e trabalhar em plena consciência. Petrópolis: Vozes, 2017.

HUME, D. **Investigação sobre o entendimento humano**. São Paulo: Edições 70, 2013.

HUTCHERSON, C. A.; SEPPALA, E. M.; GROSS, J. J. Loving-kindness meditation increases social connectedness. **Emotion**, v. 8, n. 5, 2008.

INOUE, A. A.; MIGLIORI, R. F.; D'AMBROSIO, U. **Temas transversais e educação em valores humanos**. São Paulo: Peirópolis, 1999.

IZQUIERDO, I. **Memória**. 3. ed. Porto Alegre: Artmed, 2018.

JENNINGS, P. A. **Mindfulness for teachers**: simple skills for peace and productivity in the classroom. New York: W. W. Norton & Company, 2015.

JENNINGS, P. A. *et al*. Improving classroom learning environments by Cultivating Awareness and Resilience in Education (CARE): results of a randomized controlled trial. **School Psychology Quarterly**, v. 28, n. 4, 2013.

JINPA, T. **Um coração sem medo**. Rio de Janeiro: Sextante, 2016.

KABAT-ZINN, J. An outpatient program in behavioral medicine for chronic pain patients based on the practice of mindfulness meditation: theoretical considerations and preliminary results. **General Hospital Psychiatry**, v. 4, n. 1, 1983.

KABAT-ZINN, J. **Full catastrophe living**: using the wisdom of your body and mind to face stress, pain, and illness. New York: Bantam Dell, 2005.

KABAT-ZINN, J. **Full catastrophe living (revised edition)**: using the wisdom of your body and mind to face stress, pain, and illness. New York: Bantam, 2013.

KABAT-ZINN, J. **Mindfulness for beginners**. Louisville: Sounds True, 2006.

KABAT-ZINN, J. **Wherever you go, there you are**: mindfulness meditation in everyday life. [*S. l.*]: Hachette Books, 2009.

KABAT-ZINN, J.; LIPWORTH, L.; BURNEY, R. The clinical use of mindfulness meditation for the self-regulation of chronic pain. **Journal of Behavioral Medicine**, v. 8, n. 2, 1985.

KANDEL, E. R. *et al*. **Principles of neural science**. 5. ed. New York: McGraw-Hill, 2013.

LANGFORD, R. *et al*. The WHO Health Promoting School framework for improving the health and well-being of students and their academic achievement. **Cochrane Database of Systematic Reviews**, 16 abr. 2014.

LATINI, T. F. Nonviolent communication: a humanizing ecclesial and educational practice. **Journal of Education and Christian Belief**, v. 13, n. 1, 2009.

LAZAR, S. W. *et al*. Functional brain mapping of the relaxation response and meditation. **NeuroReport**, v. 11, n. 7, 2000.

LAZAR, S. W. *et al*. Meditation experience is associated with increased cortical thickness. **NeuroReport**, v. 16, n. 17, 2005.

LAZARUS, R. S.; FOLKMAN, S. **Stress, appraisal, and coping**. New York: Springer, 1984.

LEDOUX, J. The emotional brain, fear, and the amygdala. **Cellular and Molecular Neurobiology**, v. 23, n. 4-5, 2003.

LEDOUX, J. Emotion circuits in the brain. **Annual Review of Neuroscience**, v. 23, 2000.

LEE, D. J. Review of the neural oscillations underlying meditation. **Frontiers in Neuroscience**, n. 12, 2018.

LEITE, N. M. B. **Síndrome de burnout e relações sociais no trabalho**: um estudo com professores da educação básica. 2007. Dissertação (Mestrado) – Universidade de Brasília (UNB), Brasília.

LEUNG, M-K. *et al.* Increased gray matter volume in the right angular and posterior parahippocampal gyri in loving-kindness meditators. **Social Cognitive and Affective Neuroscience**, v. 8, n. 1, 2012.

LÓPEZ-MARTÍNEZ, M. Principios y argumentos de la noviolencia. *In*: MOLINA, B.; MUÑOZ, F.(org.). **Manual de paz y conflictos**. Granada: UGR, 2004.

LUTZ, A. *et al.* Long-term meditators self-induce high-amplitude gamma synchrony during mental practice. **Proceedings of the National Academy of Sciences**, v. 101, n. 46, 2004.

MACLAUGHLIN, B. W. *et al.* Stress biomarkers in medical students participating in a mind body medicine skills program. **Evidence-Based Complementary and Alternative Medicine**, 8 jun. 2011. Disponível em: https://www.ncbi.nlm.nih.gov/pmc/articles/PMC3137844/. Acesso em: 4 mar. 2020.

MELEIRO, A. *et al.* Transtorno de estresse pós-traumático. *In*: MELEIRO, A. F. **Psiquiatria**: estudos fundamentais. São Paulo: Guanabara Koogan, 2018.

MELO, M. A prevenção quaternária contra os excessos da medicina. **Revista Portuguesa de Clínica Geral**, n. 23, 2007.

MIRANDA, M. B. **Saúde emocional de professores das escolas estaduais de Juiz de Fora – MG**: depressão e burnout. 2017. Dissertação (Mestrado) – Instituto de Ciências Humanas, Universidade Federal de Juiz de Fora (UFJF), Juiz de Fora.

MURAKAMI, H. *et al.* Neural networks for mindfulness and emotion suppression. *PLoS ONE*, v. 10, n. 6, 2015.

NEFF, K. **Self compassion**. London: Hodder & Stoughton, 2011.

NEFF, K.; GERMER, C. **The Mindful self-compassion workbook**: a proven way to accept yourself, build inner strength, and thrive. New York: Guilford, 2018.

NUTBEAM, D. The health promoting school: closing the gap between theory and practice. **Health Promotion International**, n. 7, 1992.

ORELLANA-RIOS, C. L. Mindfulness and compassion-oriented practices at work reduce distress and enhance self-care of palliative care teams: a mixed-method evaluation of an "on the job" program. **BMC Palliative Care**, n. 17, 2018.

ORGANIZAÇÃO DAS NAÇÕES UNIDAS PARA A EDUCAÇÃO, A CIÊNCIA E A CULTURA. **Educação para todos**: o compromisso de Dakar. Brasília, 2001.

ORMEL, J. *et al.* Prevention of depression will only succeed when it is structurally embedded and targets big determinants. **World Psychiatry**, v. 18, n. 1, 2019.

PAK, F. Educación y comunicación no violenta. Una mirada reflexiva a la comunicación utilizada en el ambiente educativo. **Escritos en la Facultad**, n. 136, 2017. Disponível em: https://fido.palermo.edu/servicios_dyc/publicacionesdc/vista/detalle_articulo.php?id_articulo=14332&id_libro=684. Acesso em: 29 ago. 2019.

PARSONS, C.; STEARS, D.; THOMAS, C. The health promoting school in Europe: conceptualising and evaluating the change. **Health Education Journal**, n. 55, 1996.

PAVLOV, I. P. **Conditioned reflexes**. London: Oxford University Press, 1927.

PEREIRA, M. R. Mal-estar docente. **Revista Presença Pedagógica**, Belo Horizonte, v. 20, 2014.

PORTUGAL. Despacho nº 12.045, de 7 de junho de 2006. **Diário da República**, 7 jun. 2006.

PORTUGAL. PROGRAMA NACIONAL DE SAÚDE ESCOLAR. **Diário da República**, Lisboa, 2006.

PRIMEIRA CONFERÊNCIA INTERNACIONAL SOBRE PROMOÇÃO DA SAÚDE, 1986, Ottawa. **Carta de Ottawa**. Disponível em: http://bvsms.saude.gov.br/bvs/publicacoes/carta_ottawa.pdf. Acesso em: 27 jan. 2019.

RABELLO, L. S. **Promoção da saúde**: a construção social de um conceito em perspectiva do SUS. Rio de Janeiro: Fiocruz, 2010.

RANCIÈRE, J. **El maestro ignorante**. Buenos Aires: Libros del Zorzal, 2008.

RICARD, M. **A revolução do altruísmo**. São Paulo: Palas Athena, 2015.

ROSENBERG, M. B. **Life-enriching education**: nonviolent communication helps schools improve performance, reduce conflict, and enhance relationships. Encinitas: PuddleDancer, 2003.

ROSENBERG, M. B. **Nonviolent communication**: a language of life. 2. ed. Encinitas: PuddleDancer, 2005a.

ROSENBERG, M. B. **Speak peace in a world of conflict**: what you say next will change your world. Encinitas: PuddleDancer, 2005b.

SADOCK, B. J.; SADOCK, V. A.; RUIZ, P. **Compêndio de psiquiatria**: ciência do comportamento e psiquiatria clínica. Porto Alegre: Artmed, 2007.

SAPOLSKY, R. **Por que as zebras não têm úlceras?** São Paulo: Francis, 2008.

SEGAL, Z. V.; WILLIAMS, J. M. G.; TEASDALE, J. D. **Mindfulness-based cognitive therapy for depression**. 2. ed. New York: Guilford, 2013.

SHAPIRO JR, D. H. **Meditation**: self-regulation strategy and altered state of consciousness. Piscataway: Transaction Publishers, 2008.

SILVA, C. S.; BODSTEIN, R. C. A. Referencial teórico sobre práticas intersetoriais em Promoção da Saúde na Escola. **Ciência & Saúde Coletiva**, v. 21, n. 6, 2016.

SILVEIRA, G. T.; PEREIRA, I. M. T. B. Escolas promotoras de saúde ou escolas promotoras de aprendizagem/educação? *In*: LEFEVRE, F.; LEFEVRE, A. M. C. **Promoção de saúde, ou, a negação da negação**. Rio de Janeiro: Vieira & Lent, 2004.

SIMOVSKA, V.; MCNAMARA, P. **Schools for health and sustainability**. New York: Springer, 2016.

SNEL, E. **Quietinho feito um sapo**: exercícios de meditação para crianças (e seus pais). Rio de Janeiro: Bicicleta Amarela, 2016.

SNYDER, S. S. Changing the world and changing the self: a two-process model of perceived control. **Journal of Personality and Social Psychology**, v. 42, n. 1, 1982.

STEWART-BROWN, S. **What is the evidence on school health promotion in improving health or preventing disease and, specifically, what is the effectiveness of the health promoting schools approach?** Kopenhagen: WHO Regional Office for Europe, 2006. Disponível em: http://www.euro.who.int/document/e88185.pdf. Acesso em: 5 jun. 2007.

SUAREZ, A. Freedom Project: nonviolent communication and mindfulness training in prison. **SAGE Open**, v. 4, n. 1, 2014.

SURREY, J. L.; KRAMER, G. Mindfulness relacional. *In*: GERMER, C. K.; SIEGEL, R. D.; FULTON, P. R. (org.). **Mindfulness e psicoterapia**. 2. ed. Porto Alegre: Artmed, 2016.

TANG, Y.-Y.; HÖLZEL, B. K.; POSNER, M. I. The neuroscience of mindfulness meditation. **Neuroscience**, v. 16, abr. 2015

TERZI, A. M. *et al*. Mindfulness (atenção plena) em sala de aula: narrativas de alunos do 4º ano do ensino fundamental. *In*: TERZI, A.; ANDRADE, D.; SILVA, D. L. DA. **Diálogos inter(disciplinares)**: caminhos de um programa de extensão universitária. São João del-Rei: UFSJ, 2018.

TERZI, A. M. *et al*. Mindfulness en la educación: experiencias y perspectivas desde Brasil. **Revista Electrónica Interuniversitaria de Formación del Profesorado**, v. 87, 2016.

TOCANTINS. Secretaria de Estado da Saúde. **Estudo sobre o processo de gestão integrada da estratégia escolas promotoras de saúde do Tocantins**. Palmas, 2006.

TYNG, C. M. *et al*. The influences of emotion on learning and memory. **Frontiers in Psychology**, v. 8, n. 1.454, 2017.

WESTPHAL, M. F. Promoção da saúde e prevenção de doenças. *In*: CAMPOS, G. W. *et al*. **Tratado de saúde coletiva**. São Paulo: Hucitec, 2006.

WHITE, R. W. Motivation reconsidered: the concept of competence. **Psychological Review**, v. 66, n. 5, 1959.

WILLIAMS, M.; PENMAN, D. **Atenção plena**. Rio de Janeiro: Sextante, 2015.

WILLIAMS, M.; PENMAN, D. **Mindfulness**: a practical guide to finding peace in a frantic world. London: Hachette, 2011.

WILLIAMS, P. G. *et al*. Personality and stress: individual differences in exposure, reactivity, recovery, and restoration. *In*: CONTRADA, R. J.; BAUM, A. **Handbook of stress science**: biology, psychology and health. New York: Springer Publishing, 2010.

WORLD HEALTH ORGANIZATION. Healthy nutrition: an essential element of a health promoting school. *In*: WHO. **World Health Organization information series on school health**: document four. Genève: WHO, 1998.

WORLD HEALTH ORGANIZATION. **Ottawa charter for health promotion**: an International Conference on Health Promotion, the move towards a new public health. Genève: WHO, 1986.

WORLD HEALTH ORGANIZATION. **Regional guidelines**: development of health--promoting schools: a framework for action. Manila: WHO, 1996.

YAMAGUCHI, U. M.; BERNUCI, M. P.; PAVANELLI, G. C. Produção científica sobre a Política Nacional de Promoção da Saúde. **Ciência & Saúde Coletiva**, v. 21, n. 6, 2016.

SOBRE OS AUTORES

Marcelo Demarzo

Médico pela Faculdade de Medicina de Ribeirão Preto – Universidade de São Paulo (FMRP-USP); especialista em medicina de família e comunidade pelo Programa de Residência Médica do Hospital das Clínicas da FMRP-USP; doutor em ciências médicas pela FMRP-USP; professor livre-docente do Departamento de Medicina Preventiva da Escola Paulista de Medicina da Universidade Federal de São Paulo (EPM-Unifesp). É instrutor certificado de mindfulness para adultos e crianças, com treinamentos na Inglaterra (Mindfulness in Schools Project – MiSP, Oxford Mindfulness Centre, Kalapa Leader Academy e Breathworks) e nos Estados Unidos (Center for Mindfulness in Medicine, Health Care, and Society, da University of Massachusetts) com Jon Kabat-Zinn e Saki Santorelli. Coordena o Mente Aberta – Centro Brasileiro de Mindfulness e Promoção da Saúde, Unifesp (www.mindfulnessbrasil.com), e é responsável pela especialização em mindfulness da instituição. Autor de dezenas de livros e artigos científicos no tema de mindfulness e qualidade de vida, é idealizador, coautor e instrutor do Programa MBHP-Educa, descrito neste livro.

Daniela Rodrigues de Oliveira

Farmacêutica pela Universidade São Francisco; mestre e doutora em biologia estrutural e molecular pela Unifesp; pós-doutora em neurociência pela School of Physiology, Pharmacology and Neuroscience da University of Bristol, no Reino Unido; pós-doutoranda em saúde coletiva com foco em mindfulness, educação e epigenética pelo Programa de Pós-graduação em Saúde Coletiva da EPM-Unifesp. É pesquisadora afiliada do Programa de Pós-graduação em Patologia da EPM-Unifesp e coordena o grupo de pesquisa em neuroepigenética e neurociência contemplativa da instituição. É também pesquisadora associada do Center for Healthy Minds da University of Wisconsin-Madison, nos Estados Unidos. Professora do módulo de neurociência contemplativa do Programa de Kindfulness do Instituto de Ciência Contemplativa do Brasil e coordenadora do Projeto Florescer do instituto. Instrutora de mindfulness, pesquisadora do Centro Mente Aberta e professora convidada da especialização em mindfulness da Unifesp. É coautora e instrutora do programa MBHP-Educa.

Alex Mourão Terzi

Graduado em direito e em letras; mestre em letras pela Universidade Federal de São João del-Rei (UFSJ); doutor em linguística e língua portuguesa pela Pontifícia Universidade Católica de Minas Gerais (PUC-Minas); pós-doutor em estudos da linguagem e em mindfulness pela Universidade Federal de Ouro Preto (UFOP) e pela Unifesp. É professor do Instituto Federal de Educação, Ciência e Tecnologia do Sudeste de Minas Gerais (IF SUDESTE MG) – Campus São João del-Rei, docente convidado da especialização em mindfulness da Unifesp e pesquisador do Mente Aberta. Facilitador em "Kindfulness: Mindfulness Integral e Harmonia Emocional" (Instituto de Ciências Contemplativas do Brasil para Estudos Avançados da Mente e Promoção da Saúde). Pesquisador das relações entre estudos da linguagem, mindfulness e educação, é coautor e instrutor do programa MBHP-Educa.

Javier García Campayo

Médico pela Facultad de Medicina da Universidad de Zaragoza (FM-UNIZAR), na Espanha; especialista em psiquiatria e doutor em ciências médicas pela mesma instituição. É docente titular do Departamento de Psiquiatria da FM-UNIZAR e pesquisador responsável pelo tema de saúde mental na Atenção Primária à Saúde na Rede Espanhola de Pesquisa em Saúde. Atua como psiquiatra do Hospital Miguel Servet, em Zaragoza, e é presidente da Sociedad Española de Medicina Psicosomática, além de coordenador do Master en Mindfulness da FM-UNIZAR. É autor de dezenas de livros e de mais de 200 artigos científicos sobre dor, fibromialgia, ansiedade, depressão e mindfulness.

ÍNDICE DE ATIVIDADES E PRÁTICAS

Atividade "Árvore do aprendizado", 207

Atividade "Dia a dia revigorante e desgastante", 140

Atividade "Estabelecendo uma intenção", 107

Atividade "Fazendo amizade com você mesmo", 209

Atividade "O que aciona você", 181

Atividade "Oi, obrigado e tchau", 123

Atividade "Perfil da raiva", 175

Atividade "Reconhecendo a potência da fala", 186

Atividade "Roteiros", 157

Atividade "Três passos em pares", 174

Escaneamento corporal compassivo, 224

Exercício de comer com atenção plena, 223

Prática com foco na respiração, 221

Prática da atenção plena aos sons, 223

Prática da atenção plena no corpo e na respiração (áudio 1), 111

Prática da autocompaixão (áudio 12), 204

Prática da caminhada com atenção plena (áudio 4), 135

Prática da compaixão – bondade amorosa (áudio 11), 191

Prática da comunicação compassiva (áudio 10), 189

Prática da gratidão (áudio 13), 211

Prática da respiração (áudio 3), 127

Prática de respiração, sensações, sons e pensamentos (áudio 9), 169

Prática da sensação desprazerosa e prazerosa (áudio 5), 143

Prática da uva-passa, 108

Prática de sons e pensamentos (áudio 8), 160

Prática do escaneamento corporal com relaxamento progressivo (áudio 2), 118, 225

Prática do movimento atento (áudio 7), 152

Prática dos três passos (áudio 6), 146

ÍNDICE GERAL

Aceitação do novo, A, 71

Agradecimentos, 13

Agressividade/hostilidade, 34

Anexo 1 – Diário de autocuidado do Programa MBHP-Educa, 239

Anexo 2 – Outros centros e programas de mindfulness, 243

Aprendendo a relaxar, 118

Aprendizado socioemocional, 63

Apresentação, 15

Árvore do aprendizado, 206

Atenção plena no corpo e na respiração, 110

Atividade "Árvore do aprendizado", 207

Atividade "Dia a dia revigorante e desgastante", 140

Atividade "Estabelecendo uma intenção", 107

Atividade "Fazendo amizade com você mesmo", 209

Atividade "O que aciona você?", 181

Atividade "Oi, obrigado e tchau", 123

Atividade "Perfil da raiva", 175

Atividade "Reconhecendo a potência da fala", 186

Atividade "Roteiros", 157

Atividade "Três passos em pares", 174

Áudios livres de práticas de mindfulness na educação, 243

Autoconsciência e autopercepção, 134

Bons exemplos para perspectivas futuras, 66

Centros de pesquisa em mindfulness e meditação, 243

Cérebro que medita, O, 56

Como usar este livro, 16

Compaixão, 188

Compaixão e a comunicação não violenta na educação, A, 79

Comunicação não violenta ou compassiva na educação, A, 84

Conhecendo a superpotência da raiva, 177

Conhecendo o estresse e seus gatilhos, 125

Consciência corporal, 152

Curiosidade e criticidade, 70

Definindo uma intenção, 106

Escapando no funil, 138

Escolas Promotoras de Saúde, 229

Escuta atenta e fala compassiva, 187

Estratégias de operacionalização das iniciativas de promoção da saúde escolar, 231

Estresse na atividade docente, 32

Estresse na educação, 29

Estresse, estressor e ambiente, 31

Evitando o limiar da raiva, 172

Gestão consciente da sala de aula, 51

Gratidão, 210

Implicações sociais de mindfulness e compaixão, 245

Índice de atividades e práticas, 263

Introdução, 19

Introduzindo mindfulness na instituição escolar, 218

Lendo o mundo, 72

Lidando com as emoções, 168

Mente de principiante: um convite à curiosidade, 48

Mindfulness e Paulo Freire: possíveis interlocuções, 69

Mindfulness e suas interfaces na educação, 27

Mindfulness para a vida, 204

Modelo teórico, 92

"Modo fazer" e "modo ser" da mente, 48

Neurociência e mindfulness para uma educação integral, 55

Nota do editor, 7

O que é mindfulness?, 39

Orientações, 97

Outros conceitos associados a mindfulness, 46

Piloto automático, momento presente e âncora da atenção, 46

Por uma humanização no processo educativo, 75

Posição deitada, 101

Posição sentada, 99

Potência da fala, A, 186

Prática com adultos e adolescentes, A, 220

Prática com crianças, A, 221

Prática da atenção plena no corpo e na respiração, 111

Prática da autocompaixão, 204

Prática da caminhada com atenção plena, 135

Prática da compaixão – bondade amorosa, 191

Prática da comunicação compassiva, 189

Prática da gratidão, 211

Prática da respiração, 127

Prática de respiração, sensações, sons e pensamentos, 169

Prática da sensação desprazerosa e prazerosa, 143

Prática da uva-passa, 108

Prática de sons e pensamentos, 160

Prática do escaneamento corporal com relaxamento progressivo, 118

Prática do movimento atento, 152

Prática do silêncio, A, 198

Prática dos três passos, 146

Prática pessoal do professor, A, 217

Praticando com os alunos, 219

Prefácio, 9

Programa de Promoção da Saúde Baseado em Mindfulness para Educadores, O, 87

Programa MBHP-Educa: práticas simples para a sala de aula, 215

Programas de mindfulness para educação, 244

Promoção da saúde escolar, A, 228

Propostas de atividades para a semana 1, 114

Propostas de atividades para a semana 2, 131

Propostas de atividades para a semana 3, 149

Propostas de atividades para a semana 4, 164

Propostas de atividades para a semana 5, 182

Propostas de atividades para a semana 6, 195

Propostas de atividades para a semana 7, 200

Realidade como ela é, A, 155

Recomendações complementares, 102

Reconhecendo a dialogicidade, 73

Reconhecendo os pensamentos, 122

Referências, 247

Sessão 1 – Conhecer-te a ti mesmo, 105

Sessão 2 – A arte de lidar com o estresse, 117

Sessão 3 – Cultivando o caminhar e o caminho, 133

Sessão 4 – Além dos muros da escola, 151

Sessão 5 – Fazendo as pazes com as emoções, 167

Sessão 6 – Comunicação compassiva, 185

Sessão 7 – Cultivando o silêncio, 197

Sessão 8 – O despertar da consciência, 203

Sobre aprendizado socioemocional, 242

Sobre os autores, 257

Sofrimento, a compaixão e seu papel na educação, O, 80

Sumário, 4

Transformando as escolas em Escolas Promotoras de Saúde, 227

Um breve histórico dos programas baseados em mindfulness, 42

Uma Educação integral na realidade brasileira, 64

Violência, a não violência e os princípios da comunicação não violenta ou compassiva, A, 81

Visão geral do MBHP-Educa, 89